Onze smaak

Onze smaak

Wat Nederlanders eten en drinken

een overzicht in woord en beeld

samenstelling: **Jonah Freud**

met bijdragen van:

Hilary Akers, Jonnie Boer, Bjorn Bruinsma, Mac van Dinther, Jonah Freud, Joep Habets, Hay Hermans, Alma Huisken, Joyce Huisman, Roel James, Will Jansen, Wim de Jong, Klaas Kasma, Onno Kleyn, Carin Leenders-de Vries, Ria Loohuizen, Huib van der Lugt, Kim Maclean, Philip Mechanicus, Christianne Muusers, Angélique Schmeinck, Henja Schneider, Celine The, Merijn Tol, Karin Vaneker, Janneke Vreugdenhil

TERRA

Hoezo, geen culinaire cultuur!

Volgens mij hebben wij, net als andere landen, wel degelijk een eetcultuur en hebben wij die altijd gehad. Alleen werd onze eetcultuur niet door grootheden bekend gemaakt, zoals dat in Frankrijk door bijvoorbeeld Escoffier, Carème en later Bocuse is gedaan. Zij maakten van hun eetcultuur meer dan een dagelijkse gewoonte.

Oké, Nederlanders zijn over het algemeen nuchtere mensen die zich niet snel laten verleiden tot het eten van dingen die ze niet kennen. Maar mijn oma bijvoorbeeld maakte wel rietvoorntjes in het zuur (opa was beroepsbinnenvisser) en als bij het drogen van de netten een houtduif in de netten vast kwam te zitten dan ging die net zo gemakkelijk op het petroleumstel. Ik weet dat dit niet alleen bij mijn voorouders dagelijkse kost was. Als ik met oudere mensen praat over wat ze vroeger aten dan komen er allerlei regionale specialiteiten boven tafel. Zo is er is al een wereld van verschil tussen het maken van bloedworst in het noorden en in het zuiden van ons land. De kruiden voor kruudmoes verschillen zelfs per dorp. Daarnaast zijn er de typisch Nederlandse producten die wereldberoemd zijn; denk alleen al aan de maatjesharing of de Goudse kaas.

We hebben mooie producten, geweldige oude recepten en bovendien generaties koks die langzaam aan onze reputatie hebben opgebouwd. Het is dan wel langzaam gegaan, maar inmiddels tellen we mee - meer dan ooit tevoren. De koks van deze tijd staan voor een geweldige uitdaging, want nieuwe technieken in de gastronomie vliegen als een wervelwind over de wereld. Door deze technieken én onze mooie grondstoffen is het niet verwonderlijk dat de super enthousiaste koks in Nederland nu volop meedoen.

Niet alleen in Nederland maar ook in landen als Spanje, Italië en niet te vergeten Scandinavië, wordt hard aan de weg getimmerd. Het komt erop neer dat de Franse keuken niet meer alleen de dienst uitmaakt. Het zijn nu de Spanjaarden die Spaans koken, de Italianen die Italiaans koken en de Nederlanders die Hollands koken. De Franse keuken speelt in deze landen geen hoofdrol meer; er staat geen Bretonse vis meer op de menukaart in Spanje, wel hun eigen mooie vissen. Ook in Nederland waren

C. H. A. Scholte-Hoek

Vis op Uw dis

het de Bresse-kippen en de sisteron-lammetjes die werden voorgeschoteld (op zich niks mee mis want het zijn superproducten), maar een lammetje uit Giethoorn doet er beslist niet voor onder. Natuurlijk zijn er koks die een internationaal publiek krijgen die op de menukaart gerechten terug willen zien die bekend zijn: zij willen liever oesters uit Bretagne dan kokkels uit de Waddenzee. Maar langzaam voeden we ze op, steeds een beetje meer.

De nieuwe technieken waarover ik net sprak, komen over het algemeen niet uit Frankrijk. Integendeel, ze komen overal vandaan waar chefs zien dat er meer is dan alleen die Franse keuken. Er wordt flink gemixed en dan bedoel ik niet 'confusion'.

De klassieke keuken zal altijd uitgangspunt blijven, het is en blijft de basis. Maar waar we de eeuwige Franse regeltjes die niets toevoegen kunnen omzeilen, moeten we dat beslist niet nalaten. Zo komt een eigen identiteit naar voren – ja, naar voren, want hij was er altijd al.

Onze eigen identiteit bouwen we uit, daaraan wordt hard gewerkt...

De groenten,
Jonnie Boer - De Librije, Zwolle

Inleiding

Spruitjes... Als er iets is wat in ons land wordt aangehaald als het over de eetcultuur gaat, dan zijn dat wel spruitjes, en dan in het bijzonder de spruitjeslucht. Nu heb ik persoonlijk niks tegen spruitjeslucht. Ik heb ook geen afzuigkap in mijn keuken hangen omdat ik dol ben op etensluchten. Over het algemeen echter wordt spruitjeslucht geassocieerd met vies. Spruitjeslucht roept meteen een beeld op van de tweede helft van de vorige eeuw: de zuinige Hollander die tevreden was met wat er op zijn bord lag; de Hollander die niet alleen stamppot als een kwak op zijn bord kreeg, maar ook alle andere gerechten enthousiast met behulp van een vork tot een brij wist te prakken. Een imago waar we met heel veel moeite vanaf komen, maar het lukt!

In dit boek worden 150 Nederlandse producten uitgelicht, zuiver en alleen om te laten zien wat we allemaal in huis hebben. En dat is niet niks. We zijn bezig met een inhaalslag: onze Noord-Hollandse blauwe doet niet meer onder voor de Franse Bresse-kip en de Olde Remeker doet internationaal mee op het niveau van parmezaan. Michelin-sterren regenen op ons neer en in de thuiskeuken experimenteert men er lustig op los. Zoals iedere cultuur zijn eigen eetcultuur heeft, zo hebben wij die ook. Langzamerhand komen we daarvoor uit en er klinkt zelfs steeds vaker een groeiende mate van trots doorheen.

We hebben veel om trots op te zijn: haring en paling maar ook drop, roggebrood, kokkels, ossenworst en niet te vergeten het assortiment koekjes, uniek in de wereld. Helemaal geen onbekende producten, we eten ze al eeuwenlang. De Hollandse nuchterheid heeft alleen verzuimd om ze hoog in het vaandel te dragen. Een organisatie zoals Slow Food Nederland, chef-koks die nationale producten verwerken, culinaire journalisten die de oorsprong van producten beschrijven en de toenemende groep culinaire lekkerbekken die thuis weer pastinaken gaan schoonmaken of zelf hun ontbijtkoek maken, zijn op zoek naar de krenten in de pap. De belangstelling voor regionale specialiteiten en producten is groeiende. Reden voor de Kunsthal Rotterdam om 'Kunsthal KOOKT' te organiseren, een festival voor echte smaak. De organisator van de 'Kunsthal KOOKT' is tevens de initiatiefnemer van dit boek. Een boek waarin het Hollandse product onder de aandacht wordt gebracht.

Om het boek te schrijven is contact gezocht met een groep culinaire journalisten. Na het rondsturen van een lijst met typisch Hollandse producten kwamen uit alle hoeken en gaten van het land aanvullingen binnen. Vervolgens moest er een definitieve lijst op tafel komen, geen sinecure. Appeltaart en kroketten zijn geen op zichzelf staande producten, maar in onze ogen mochten ze niet ontbreken in het boek. Wat doen we dan met griesmeelpap en zuurstokken? Ja, het had er in gepast, maar er moest een grens worden getrokken. Deze grens is getrokken bij 150 producten. Deze uitgave is niet meer dan een begin, de een zal een product missen, de ander zal een product dat wel is opgenomen overbodig vinden. Over smaak valt immers te twisten. Gelukkig maar, als we allemaal hetzelfde zouden denken over smaak, zou ons eetgedrag heel saai worden.

Onze smaak is een gids, geen uitputtende opsomming. Iedereen heeft op eigen wijze en in eigen stijl geschreven. Niet alleen komt dat de diversiteit in het boek ten goede, het geeft ook een indruk van de verschillende vormen waarin over eten kan worden geschreven. Over eten schrijven is niet objectief, smaakbeleving is iets heel persoonlijks. Zet tien koks bij elkaar en laat ze hetzelfde gerecht klaarmaken. Er zullen tien verschillende gerechten uit komen die alle anders beoordeeld zullen worden door de proevers. Smaakbeleving heeft niet alleen te maken met wat je proeft, maar ook met de geur, de substantie, een herinnering, een gemoedstoestand en de tijd en de plaats waar gegeten wordt. Gelukkig is in het boek de diversiteit goed uit de verf gekomen. Persoonlijke belevingen worden afgewisseld met anekdotes, warenkennis en geschiedenis. Deze diversiteit uit zich ook in de illustraties, die variëren van affiches tot kunstwerken, van prachtige foto's tot advertenties, van tekeningen tot boekillustraties.

Met trots presenteren wij *Onze Smaak*.

Jonah Freud

Aalbes

De struik waarvan het hart vrij moet zijn

'Aalbeziën' heetten ze vroeger, met een mooi oud woord. Ze worden voor het eerst genoemd in Duitse geschriften. Een prent ervan prijkt in een Herbarium uit Mainz, uit 1484. Zoals bijna alle bessen groeien aalbesjes of rode bessen het liefst in koele delen van het noordelijk halfrond, van Schotland tot Scandinavië, van Schoorl tot Sint Annaparochie. Vooral Denen en Nederlanders slaagden erin de bessen, die zo rijk zijn aan vitamine C, te cultiveren. (Er bestaat ook een erg lekkere *witte* aalbes.) Dat geëxperimenteer met en telen van fruit was een bezigheid die je regelmatig onder de adel tegenkwam. Een kennis vertelde me eens hoe een tuinierend familielid van blauw bloed zonder enige bijbedoeling meldde dat hij 's middags 'even met de tuinman in de aardbeienbedden ging liggen'. Dat is de reden waarom rasnamen als Jonkheer Van Tets - in dit geval voor een aalbes - niet ongewoon zijn.

Aangezien bessen zurige grond wensen (enig veen geen bezwaar) kon ook ik hem telen in mijn eerste, van veen voorziene moestuin. In het voorjaar snoeide ik hem. Maar deed ik dat wel goed, als beginnend amateur-tuinder? Zou ik de struik niet aan puin knippen? Het antwoord kwam van dichtbij. 'Zorg dat je er een hoedje door kunt gooien', meldde de buurvrouw die stilletjes voorbijliep en als een geheim agent vanuit haar jaskraag leek te praten. 'Het hart moet vrij zijn!' Hoe waar.

Aalbessen ris je met een vork en bestrooi je met suiker of bedruip je met bessendiksap. Ook kun je ze een 'hemdje' geven van zoet eitwitschuim waarna ze je droogt in de oven, zoals Jelena Molochovets al deed (Ruslands beroemdste kookboek-schrijfster, geboren in Archangelsk in 1831, gestorven in Sint-Petersburg in 1918). Maar liever nog converteren we de bessen tot saus, hier te lande, met kaneelstok en citroenschil. Die serveren we bij onvervalst erfgoed als griesmeelpudding en allerlei uit Noord- en Oost-Nederland stammende brood- en koeksoorten, variërend van wentelteefjes tot kruidkoek. Bescheiden als we zijn noemen we zulk lekkers turfjes. Turf, ja, gewonnen uit veen, de grondsoort waarop de bes zo graag groeit.

Aalbes
Rode bes, 1977, Henk Helmantel, beeldbank www.artrevisited.com

Aardappel

Van Opperdoes tot Bintje NAK

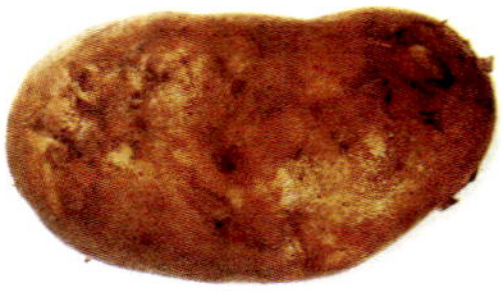

Het was een inventarislijst van een hoeve in Sint Anna ter Muiden, nét Zeeuws-Vlaanderen. Op dat papier, uit 1727, staat vermeld welke nieuwe knol ze er voor het eerst in hun kelder hadden liggen: de aardappel *(Solanum tuberosum)*. Het bleek een eenvoudige plant, die, eenmaal gepoot, in de vroege zomer uitbrak in een zee van witte of blauwe bloemetjes. Als het loof ging verwelken groef je ze op. Je kon ze direct 'krabben' (schoonschrapen of -boenen) of bewaren voor later. Was er iets gemakkelijker dan een klein, gekoesterd potertje in de grond stoppen en drie maanden later een dozijn fikse aardvruchten opgraven? Per plant?

Vanuit Zeeland bewoog de aardappel zich naar de Zuid-Hollandse eilanden. Beide gebieden ontwikkelden zich als voorraadschuur: in 1791 kon Numansdorp (Hoekse Waard) al bogen op een opbrengst van 50.000 ton. Ook Noord-Holland stortte zich op de aardappel maar de regio werd daarnaast beleverd door Friesland: in 1771 legde het eerste schip met Friese aardappels aan in Amsterdam.

Aardappels zijn elk jaar weer 'nieuw'. De snelste groeiers ontwikkelen zich in een recordtijd van negen weken. De 'koning van Noord-Holland', de Opperdoezer Ronde, is zo'n 'negen-weker'. Nieuwe aardappels hebben vast, sappig en notig vruchtvlees en dragen een flinterdun velletje. Dat smeekt om een simpele bereiding: schoonboenen, koken en bedruipen met boter. Of kleintjes rauw bakken in vet. Vooral die gebakken versie heeft elk Nederlands gewest al eeuwen op het program: of je ze nu krieltjes noemt, potjebrajers, nije töffels of bröadekes en of je de 'koppen en oren' (plakjes van de boven- en onderzijde) er nu afhaalt of niet.

Diametraal tegenover harde nieuwe piepers staan afkokers, de kruimigste aardappels uit de late oogst: hun buitenste rand – bezet met schitterende zetmeelkristalletjes – kan eraf koken. Velen vreesden dat stuk koken dus haastten de telers van het Bintje zich om te zorgen voor een Bintje NAK: niet afkokend. Maar bij zorgvuldige bereiding zijn juist afkokers perfect voor de stamp en werden ze ook de ultieme dragers van een groot culinair erfgoed: dat heerlijke schepje jus.

Aardappel
Stilleven met aardappelen in gele bak, 1888, Vincent van Gogh (1853 - 1890), collectie Kröller-Müller Museum Otterlo

Aardbei

Aardbeien zijn fascinerende krengen. In mijn geheugen is de kleine Bredase, die zo lekker zoet is, als oeraardbei opgeslagen. Bij mijn allereerste vakantiebaantje, eind jaren vijftig, heb ik er honderden gegeten en er ontelbare mandjes mee gevuld à twee gulden per mandje. Ik zie ze nooit meer. De aardbeien die tegenwoordig aan de man worden gebracht, zijn vooral groot, hard en tamelijk zuur. Ze hebben niets meer van die goddelijke verse vruchten die mijn moeder mij op mijn verjaardag in juni voorzette, met lekkere lobbige slagroom erop, slagroom die toen ook al lekkerder was.

Bij mijn oma was het goed toeven als het om eten ging. Er was nog geen koelkast, dus werden de spullen in de kelder bewaard en hing er in haar huis het lichte aroma van rijpheid. Vooral in de aardbeientijd was dat een genot. Maar ook als die tijd voorbij was, hing er een zoete geur. Later kreeg ik in de gaten dat die lucht vaak om oudere mensen hangt en ben ik het gaan associëren met ouder worden en bederf. Een soort *pouriture noble*, edele rotting, als het ware. Neem de lucht van aardbeien in blik in je neus en je weet wat ik bedoel. Ergens begin jaren tachtig kwam ik bij mijn ouders en rook ik aardbeien in blik. Ik schrok, het betekende dat mijn ouders oud aan het worden waren en dat daarmee ook mijn eigen oudheid begon te naken. Anno 2004 stap ik zeker drie keer in de week mijn eigen huis sniffend en snuivend binnen. Nee, nog geen aardbeienlucht, maar hoe lang nog?

Aardbei
Ansichtkaart, niet gedateerd

KUPFERBERG GOLD

Abraham

Abraham of Sara?

Nu gij zijt vijf maal tien
Heeft u Abraham gezien
Nu komt hij op bezoek
In de gedaante van deez' koek
(ca. 1854)

Op uw vijftigste jaar
Komt Abraham u feliciteren
Ja vier maar vrolijk feest
Want reken maar zo
Over vijftig jaar
Bent u er toch wel geweest
(ca. 1872)

Het geven van een Abraham gaat sinds lange tijd gepaard met allerlei zelfgemaakte gedichten, waarvan dit er twee zijn. Toch verbaast het mij dat er alleen Abrahamvormen bestaan. Waarom niet ook een Sara, de vrouw van Abraham; zij wist als geen ander waar hij de mosterd haalde. Als het fenomeen Abraham in 2000 geboren zou zijn, zouden we er zeker een mannelijke én vrouwelijke variant van gemaakt hebben. Nu gebeurt dit door er een andere garnering op aan te brengen. Veelal worden greinsuiker, rode en groene bigarreaus, noten en glazuur gebruikt. De buitenkant van een Abraham of Sara bestaat uit zandtaart of boterdeeg, de vulling uit gemalen walnoten, gebruineerde hazelnoten in roomkaramel en een deel amandelspijs.

Dit toch wel lekkere 'taartje' (of is het een uit de kluiten gewassen gevulde koek?) krijg je als je vijftig wordt vaak aangeboden door de familie. Met daarbij, volgens 'lollig' Hollands gebruik, een pop op ware grote, verkleed als man of vrouw, voor de deur.

Het vieren van de vijftigste verjaardag gaat reeds eeuwen, en voorzover bekend het eerst in West-Friesland, gepaard met het geven van een Abraham (of Sara). Naar alle waarschijnlijkheid is dit gebruik afgeleid uit het Evangelie van Johannes, waarin de joden vragen: 'Hebt u Abraham al gezien, terwijl u nog geen vijftig jaar oud bent?'

Leuk weetje: Met zestig jaar is de gewoonte ontstaan om een Isaac te geven en op zeventigjarige leeftijd een Jacob, terwijl men bij tachtig jaren een Joseph geeft. Kan ik deze 'gevulde koeken' ook bestellen?

Abraham
Een 50-jarige uit West-Friesland heeft drie Abrahampoppen gekregen, foto Kuiper/ANEFO, 1951, collectie Nationaal Archief Den Haag

Advocaat

Advocaat met...

Advocaatje ging op reis
Advocaatje ging op reis,
tiereliereliere
Advocaatje ging op reis,
tierelierelom

Refrein:
Met z'n hoedje op z'n arm,
tiereliereliere
Met z'n hoedje op z'n arm,
tierelierelom

Voor een herberg bleef hij
staan
Stokvis kreeg hij bij 't ontbijt
Graatje stak hem in zijn keel
Dokter werd er bij gehaald
Maar de dokter kwam te laat
Zo stierf onze advocaat

Is dit een Hollands liedje of een Hollands drankje? Misschien wel allebei! Advocaat heeft een oubollig karakter, met name omdat het onbekend is bij de jongere generatie.

Eigenlijk heel jammer. Ik herinner me de verjaardagen bij mijn oma, ze genoot van haar advocaatje. De dikke gele drank geserveerd in een soepbord, ze at het met een lepel en zonder slagroom. Of mijn tante Jannie, met haar 'glaasje' met een toef slagroom.

Zelf was mijn eerste kennismaking met advocaat (ten minste 14 procent alcohol) het drankje dat mijn moeder ervan maakte: een bolletje vanille-ijs, een flinke scheut advocaat en daaroverheen schonk ze 7-up. Opdrinken met een rietje, wat een feest op zaterdagavond!

Advocaat wordt gebruikt in veel klassiek geworden Hollandse lekkernijen. Zo is er natuurlijk de bekende advocaatster waarbij een luchtige cakebodem besmeerd wordt met een dikke laag slagroom. Boven op de slagroom een deksel van cake waar in het midden een ster is uitgesneden. De ster wordt opgevuld met advocaat zodat bij iedere punt die van de cake gesneden wordt een toef advocaat vanzelf op het bordje terecht komt.

Advocaat is gemaakt van véél (verse of gepasteuriseerde) geklopte eidooiers en suiker, waaraan een flinke hoeveelheid brandewijn wordt toegevoegd. In de supermarkt staan de flessen enigszins verstopt op de onderste plank, maar het is zeker het proberen waard. Wel gekoeld bewaren, want eenmaal open is advocaat beperkt houdbaar.

Advocaat
Reclame voor advocaat van de Likeurstokerij en Limonadefabriek J. Voogd in Schiedam, niet gedateerd

ADVOCAAT
ADVOCAAT
J. VOOGD - SCHIEDAM

Alikruik

Langs alle kusten van de Noordzee kun je ze vinden, tussen de stenen en het wier. Het blijft een ultiem tijdverdrijf, blootsvoets zoeken naar deze lekkernij. In veel wat chiquere restaurants worden alikruiken tegenwoordig als amuse gegeven. De gewone sterveling zweert er echter bij om een metalen bakje mee naar het strand te nemen en dan boven een vuurtje de schelpjes in zeewater 10 minuten te koken. Het enige wat daarbij lastig kan zijn, is dat je het dier met een speld uit zijn schelp moet halen voor consumptie. Ervaring leert echter dat ook een takje met een scherpe punt hierin uitkomst kan bieden.

Met een hoogte van zo'n 2,5 tot 3 centimeter valt de alikruik onder de kleine schelpdieren. De schelp heeft een conische vorm met een scherpe punt en is meestal bruingrijs van kleur. Er zijn echter ook alikruiken die wat meer geel in zich hebben. De mondopening van de schelp is eivormig en witter van kleur. De overlevering heeft ons geleerd dat er al in de prehistorie alikruiken geconsumeerd werden.

Alikruiken leven boven de vloedlijn, ze kennen het water eigenlijk alleen van de golven die over hen heen spoelen. Als ze het door de zon te warm krijgen laten ze zich vallen, in de hoop dat ze verkoeling van het water krijgen. Door hun leefwijze is er lang gedacht dat alikruiken op weg waren landslakken te worden.

Alikruiken voeden zich door organisch materiaal van steen te schrapen. Uit een onderzoek in Amerika is gebleken dat de alikruiken voor de kust van Californië ervoor zorgen dat er 1 centimeter per eeuw van de rotsen verdwijnt.

De Latijnse naam voor alikruik is *Littorina littorea*, in het Frans worden ze 'bigorneau' genoemd en in het Engels 'periwinkle'. Op z'n mooist is de alikruik in het Italiaans: 'chiocciola di mare'. Bij ons in Zeeland heten ze geen kreukels maar 'krukels', wat wel veel vriendelijker is dan het Duitse 'gemeine Strandschnecke'.

Alikruik
Foto Nationaal Visbureau, Rijswijk

Andijvie

Nu iedereen een wasmachine heeft en daarboven of onder een droger is een oud gebruik verdwenen. Vroeger was het echter op maandag wasdag. Maandag wasdag betekende ook stamppottendag. Tussen het wassen door werden de piepers geschild en met wat groenten erdoor en een uitgebakken spekje was de maaltijd weer een feest.

Vraag een Hollander naar stamppot en na de boerenkool zal vrijwel iedereen andijviestamppot noemen. Stamppot met rauwe andijvie welteverstaan. Door de grote vitaminebron geeft deze stamppot een gezonde doch voedzame maaltijd; het bevat vitamine A en B-complex en is rijk aan ijzer, kalium en bèta-caroteen.

Andijvie is een eenjarig gewas. Er worden in Nederland over het algemeen twee soorten geteeld, de gewone 'Hollandse' andijvie, die gladde bladeren heeft, en de krulandijvie, die ook wel 'frisée' genoemd wordt. In menig volkstuin wordt volop andijvie geteeld voor eigen gebruik, niets zo smakelijk als een frisse krop net uit de grond. Het enige gevaar is dat vroeg gezaaide andijvie nog wel eens wil doorschieten alvorens de krop is gevormd.

Behalve voor stamppot is andijvie zeer geschikt voor het maken van salades, al in de *Het Volkoomen Neerlandsch Kookkundig Woordenboek* (een boek uit 1772) wordt erop gewezen dat andijvie een heerlijke wintersalade is. De smaak van andijvie leent zich uitstekend voor salades waar spekjes, noten, kazen en croutons door gemengd worden. Sporadisch kom je nog mensen tegen die andijvie koken en er met bloem, groentenat of melk een papperig geheel van maken. Afgemaakt met zout en nootmuskaat is het een heel klassiek, Hollands gerecht, maar gelukkig van vroeger tijden.

Andijvie
Basisrecept voor het klaarmaken van andijvie, uit *Groente*, een deeltje uit de populaire serie basiskookboekjes van Blue Band, eind jaren '80.

Andijvie à la crème

Verwijder van **1½ kg andijvie** de lelijke bladeren. Was de hele struiken zorgvuldig. Houd ze daarvoor bij de stronk vast en spoel ze in ruim koud water. Ververs het water enkele malen. Snijd de andijvie tot aan de stronk in repen. Verwijder de stronken. Was, indien nodig, de andijvie nog een keer. Laat de andijvie even uitlekken.

Doe een handvol andijvie met het aanhangende water in een grote pan. Laat deze op een hoog vuur iets slinken, voeg dan de volgende handvol andijvie toe en laat ook deze slinken. Ga zo door tot alle andijvie is geslonken en kook deze vervolgens op een laag vuur in ca. 20 minuten verder gaar.*

Smelt intussen in een sauspan **20 g Blue Band** op een laag vuur. Voeg al roerende **20 g bloem** toe. Blijf roeren tot een glad mengsel ontstaat. Giet er langzaam al roerende **¼ liter melk** bij en breng het aan de kook (Béchamelsaus). Voeg er **1 eetlepel crème fraîche**, een **snufje nootmuskaat** en een **mespunt suiker** aan toe.

Laat de gekookte andijvie even in een vergiet uitlekken en doe deze terug in de pan. Meng er de saus door en laat het geheel in een gesloten pan op een laag vuur nog 5 minuten stoven. Roer er van het vuur af nog **1 eetlepel crème fraîche** door en breng de andijvie op smaak met **zout** en **peper**.

*GEKOOKTE ANDIJVIE: de gaar gekookte en uitgelekte andijvie kan ook, ca. 5 minuten gestoofd in **30 g Blue Band**, als groente worden geserveerd.

Ansjovis

Ansjovis, een specialiteit uit de Oosterschelde

Rottende ansjovisjes? Daar deden de Romeinen een moord voor, want dat zoute, riekende mengsel vormde de basis voor hun krachtige vissaus die ze 'garum' of 'liquamen' noemden. Ze hanteerden de garumpot zoals wij nu de ketchupfles: te pas en te onpas.

Eetlustopwekkende zoute ansjovis geeft vis- én vleesschotels extra aroma, zoals Wiener schnitzels (in de traditionele versie), Franse lamsbout ('geïnjecteerd' of gelardeerd met ansjovisfilets) en Italiaanse kalfskoteletten. Ansjovis wordt overal ter wereld gebruikt, maar 'verkleed' in mediterrane receptuur kennen we het visje het beste: van Noord-Spaanse tapas tot Provençaalse tapenade en van anchoïade tot Piedmontese bagna caôda, groente-ansjovisfondue.

De zilveren ansjovis *(Engraulis encrasicholus)* met zijn blauwgroene rugstrepen is een kleine telg uit de familie van haring, sprot en sardine. Net als haring 'rijpen' ze heerlijk als je ze in hun geheel kaakt. Droog gepekelde visjes smaken krachtiger en bieden een stevigere structuur dan filets. Neem bij filets bij voorkeur een glazen pot, dan kun je zien of er dikke exemplaren in zitten: die zijn het lekkerst. In Concarneau (Bretagne) vangt men in de herfst volmaatse ansjovisjes die in hun geheel worden gebakken en in olijfolie ingeblikt. Een delicatesse die verre te prefereren is boven ondermaatse, bremzoute frutsels: goede ansjovis is nooit goedkoop!

Ansjovis zwemt in alle wereldzeeën. Voor de Peruviaanse kust volgen grote scholen de overvloedige hoeveelheden plankton in de koude Humboldtstroom. Zij worden verwerkt tot vismeel. Veel beter vergaat het de culinair uitverkoren 'Europese' ansjovis, die liever warm water zoekt, zoals de Zwarte Zee, de oostelijke Atlantische Oceaan en de Middellandse Zee. Deze soort doet ook onze wateren aan: rond mei, juni komen ze paaien en kuitschieten in de ondiepe Oosterschelde. Tenzij de laatste weervissers van Bergen op Zoom ze volgens een 650 jaar oude traditie vangen in hun 'weren': v-vormige, meterslange fuiken van dunne stammetjes. De vangst gaat naar handelaren en restaurateurs in Bergen op Zoom, dus spoed u in juni naar de Markiezenstad: gebakken dagverse ansjovis, zo uit de Oosterschelde, smaakt zeldzaam lekker.

Ansjovis
Reclame van de firma Eygenraam, 1930

ANSJOVIS

30 JU

EEN SPECIALITEIT VAN EYGENRAAM

FIJNE BELEGEN
BERGEN OP ZOOMSCHE

ANSJOVIS!

ANSJOVIS

PUIK - BLANK - HOUDBAAR

p. fust 100 stuks	franco	huis	f 3.75
p. fust 200 stuks	„	„	f 6.50
p. fust 300 stuks	„	„	f 8.75

gesorteerd (extra groote) p. fust 100 st. f 5.75 fr.h.

NIEUWE HOLLANDSCHE HARING

per 12 stuks f 1.90 (franco huis) per 18 stuks f 2.40
per 24 stuks f 2.90

NIEUWE ZOUTEVISCH

p. $^1/_{64}$ ton franco f 2.90
p. $^1/_{32}$ ton franco f 4.75

NIEUWE LIPPEN EN KELEN

per $^1/_{64}$ ton franco huis f 5.00
per $^1/_{32}$ ton franco huis f 8.90

DAGELIJKSCHE VERZENDING van:

Holl. krimpzalm, tarbot, blokken, filets, tongen, tong-filets, tongfilets met zalm, moten kabeljauw, garnalen, dikke paling, versche Russische caviar, Holl. gerookte zalm, Hors d'oeuvre artikelen. Geregeld voorhanden: springlevende zeekreeften en beekforellen.

Vraag prijs aan Intercommunaal Telefoon 143 Dordt.

EYGENRAAM DOLFIJN DORDRECHT

EYGENRAAM

DORDRECHT

GIRONUMMER 40435

BEDIENT REEDS RUIM 85 JAAR DE EERSTE FAMILIES VAN HET LAND

Appel

De Elstar was de redding voor de Nederlandse appeltelers. In de jaren zeventig woedde de 'Golden-crisis'. Nederland stond vol met Golden Delicious, de meest aangeplante appel ter wereld. Maar de pest met de Golden was dat deze vrijwel overal gedijde. De Nederlandse telers konden niet op tegen collega's in landen met een gunstiger klimaat.

Er was maar één redding: een appel aanplanten die het hier beter deed dan elders. Dat werd de Elstar, een zoetzure kruising tussen de Golden en de Ingrid Marie. De Elstar stond al sinds 1955 in de proeftuin van het Instituut voor de Veredeling van Tuinbouwgewassen in Elst.

Nederlandse telers plantten massaal Elstar aan. Het publiek, dat de flauwe Golden een beetje zat was, werd met een reclame-campagne rijp gemaakt voor de nieuwe appel.

Het werd een daverend succes. In 2002 had Nederland 11.000 hectare appelbomen. Bijna 4.400 hectare was Elstar. Samen met de Jonagold, een kruising tussen de Jonathan en de Golden Delicious, beheerst de Elstar de Nederlandse appelmarkt. Het succes van de Elstar was zo groot dat hij andere, oudere rassen, wegdrukte. Ster- en notarisappels (ontdekt door notaris Van de Ham in Lunteren) zijn alleen nog te vinden bij nostalgische groenteboeren.

Maar ook de Elstar wordt belaagd. De concurrentie komt tegenwoordig van de andere kant van de evenaar, waar de nieuwe oogst al van de bomen komt als wij nog aan de Elstars van het jaar ervoor zitten. Appels als Gala, Fuji, Breaburn en de sexy Pink Lady maken de Elstar het leven zuur. De appels uit het zuiden zijn vaak zoeter en brosser.

Er wordt al een tijd gespeurd naar een opvolger van de Elstar. Dat is vissen met een schepnet in de oceaan, want elke appelpit is de kiem van een nieuw ras, weer net anders dan de pit ernaast. Toen de slang Eva de appel aanbood wist hij wat hij deed.

Een tijdje terug leek de Santana, een Elstar-achtige appel die minder bespoten hoefde te worden, de opvolger te worden, maar hij strandde voor de eindstreep. De Elstar zal het nog een tijdje vol moeten houden.

Appel
Appels te koop langs de kant van de weg in Maurik, foto William Hoogteyling/Hollandse Hoogte, 2001

TE KOOP
Elstar
ƒ 2: p.z.
ZEER LEKKERE APPEL
+ GEZOND.

Appelstroop

Appelstroop
Appelstroopblikje van Mij. de Betuwe, foto David van Dijk, 2004

Je realiseerde je niet dat je heel bijzonder was natuurlijk, maar je wás het wel degelijk. Een deel van een uniek stukje Zuid-Nederlandse culinaire streekcultuur. Zonder dat je er al teveel moeite voor hoefde te doen. Ja, eigenlijk ging het gewoon vanzelf. Je stond 's ochtends op en dan kreeg je een snee (of twee) roggebrood van je moeder, belegd met kaas en met een flinke lik rinse appelstroop eroverheen. Zoals in de grote, plastic voorraadzak die in de pukkel meeging naar school eveneens Tarvo-boterhammen met dezelfde dubbellaagse coating zaten. Rrrrinsse appelstroop. Wat dat betekent, rinse? Friszuur! En van een andere receptuur dan 'gewone' stroop, want niet samengesteld uit een mengsel van appelen en peren, maar van appelen (75 procent) en suikerbieten (25 procent).

Pas jaren en jaren later, toen je wel weer eens zo'n mooi, donkerrood blik Rinse appelstroop van Canisius uit Schinnen in huis wilde hebben, kwam je er stukje bij beetje achter dat het niet eens zozeer Zuid-Nederlands was, appelstroop op kaas, of appelstroop sec, als wel Limburgs. Zuid-Limburgs om precies te zijn! En ze zijn er trots op. Er is in 2003 zelfs een tentoonstelling in Kerkrade georganiseerd over de enige, echte Zuid-Limburgse appelstroop. Dat als product overigens zijn glorietijd alweer een poosje achter zich heeft liggen. Want had elk gehucht in Mergelland en omstreken tot aan het midden van de vorige eeuw nog zijn eigen stroopmaker, inmiddels zijn er nog maar drie professionele producenten. Canisius bestaat nog steeds, en daarnaast heb je Frumarco in Beesel, plus de eenmans-stroopstokerij van Mart Vandewall in Eckelrade.

Vandewall is in zijn eentje goed voor een productie van tienduizend strooppotten per jaar, waaronder zich exemplaren bevinden met een inhoud van 3,5 liter. Die emmertjes worden niet alleen afgenomen door de bekende grote, katholieke gezinnen uit ons vruchtbare zuiden, maar ook door moderne eenpersoonshuishoudens uit delen van het land boven de rivieren. Want het mag onder de huidige jeugd dan niet meer helemaal vanzelfsprekend zijn dat je, in plaats van Duo Penotti of Bengels, roggebrood met kaas en appelstroop als lunch mee naar school krijgt, dat wil nog niet zeggen dat de stroopstroom helemaal is opgedroogd. Als Vandewall met pensioen gaat, neemt zijn zoon de business gewoon over.

MIJ. „DE BETUWE" N.V.
TIEL ... HOLLAND
HOFLEVERANCIER
GEDEPONEERD
RINSCHE APPELSTROOP
N.V. TIEL (HOLLAND)
MIJ. „DE BETUWE" N.V.
HÉÉL WAT BETER!
TIEL
INHOUD
450 GRAM

Appeltaart

Appeltaart
Foto uit *Rijkdom uit Holland's tuin*, receptenboekje van het Centraal Bureau van de Tuinbouwveilingen, jaren '60

Je hebt **appeltaart** en appeltaart:

- De appeltaart die samen met de kinderen wordt gebakken, waarbij je eraan moet denken extra deeg te maken omdat daar zo leuk mee gekliederd kan worden.
- De appeltaart die in de oven wordt gezet kort voor er wéér aspirant-kopers je huis komen bekijken, in de hoop dat de toch wel erg kleine achtertuin op het noorden en de ramen met enkel glas niet worden opgemerkt.
- De appeltaart-uit-een-pak-maar-tóch-zelfgebakken ('hé, er zitten geen appels in de doos!') die volgens de verpakking net zo lekker, zo niet lekkerder is dan oma's taart. Het miezerige baksel lijkt uiteindelijk in de verste verte niet op de schitterende taart die op de doos staat.
- De industriële appeltaart met slappe korst die zó uit de koelvitrine van de stationsrestauratie (of bedrijfskantine, of museumrestaurant) op je zelfbedieningsblad wordt gezet, al dan niet voorzien van een zielig toefje spuitbusroom.
- De luxe appeltaart met appelbrandewijn, rozijnen en amandelspijs van de banketbakker, omdat de buurvrouw er altijd zo'n werk van maakt als je op de koffie komt maar waar jij geen tijd voor hebt.
- De diepgevroren appeltaart van de supermarkt die te laat uit de vriezer is gehaald en vervolgens te lang in de magnetron heeft gestaan. Het bezoek brandt eerst de mond aan de hete korst, maar vindt gelukkig meteen verkoeling in de ijskoud gebleven kern van de taartpunt. 'Heerlijk!' klinkt het huichelachtig.
- De tarte tatin van de ambitieuze beginneling die gebakken wordt in een lekkende springvorm, waarna het uren kost de zwartgeblakerde bodem van de oven schoon te schuren en de appelpartjes uit de bakvorm te bikken.
- De appeltaart die, nog warm van de oven, op zondag bij oma op de met een Perzisch kleedje bedekte koffietafel in grote punten werd gesneden. Slappe limonade met een rietje erbij. Dat is de beste appeltaart, want het was de allereerste.

Arnhems meisje

Arnhems meisje
Foto uit *Aan tafel met Roald Dahl*, uitgeverij De Fontein, 1991

Het geheim van de Arnhemse meisjes is niet het recept, dat gewoon in een kookboek staat. Het geheim van de 'enige echte' Arnhemse meisjes is een machine, ontworpen door Albert Hagdorn, de achterkleinzoon van de man die in 1829 het Arnhemse meisje bedacht. Het is een voor moderne begrippen nogal onooglijk geval: een lopende band met twee suikerbakken aan weerskanten.

De eerste suikerbak strooit suiker op de band. Daarop worden met de hand uitgestoken deegplakjes gelegd. De tweede suikerbak strooit suiker over de deeglapjes. Daarna, en dat is het échte geheim, gaat er een walsje overheen dat de suiker ín het deeg drukt. Aan het eind van de band vallen de gesuikerde lapjes op een bakblik.

De 'Arnhemse-meisjes-machine' is al in 1959 gebouwd, maar doet nog steeds dienst in de bakkerij van Henk Jurjus. Hij kocht het apparaat in 1986 van Albert Hagdorn en daarmee ook de titel van de bakker van de 'enige echte Arnhemse meisjes'. Het recept is simpel: meng 190 gram bloem, 1 deciliter melk, 5 gram verse gist, 4 druppels citroensap en een snufje zout. Klop er 105 gram ongezouten boter in klontjes door. Laat het deeg opstijven in de koelkast.

Bestrooi het werkvlak met suiker, rol het deeg daarop uit, bestrooi ook de bovenkant met suiker en rol het deeg verder uit tot het heel dun is. Steek met een vorm de koekjes uit (het origineel is ovaal).

Bak de koekjes ongeveer 35 minuten in een oven op 160 graden, de laatste 10 minuten op 150. 'Ze moeten langzaam bakken,' zegt Jurjus, 'anders verbranden ze.' Het koekje moet goudbruin zijn, bros en knapperig.

Het recept staat in het kookboek van schrijver Roald Dahl, die de koekjes ooit proefde toen hij in Arnhem was om boeken te signeren. Hij vond ze de lekkerste koekjes ter wereld. Jurjus heeft nog een originele bedankbrief van de schrijver.

Hij is niet bang dat andere bakkers hem gaan na-apen. 'Het is een veel te bewerkelijk koekje.' En er is maar één 'enige echte Arnhemse-meisjes-machine'.

Asperge

Echte Limburgers groeien op in de aspergetraditie. Zeker vroeger. Elk voorjaar, van april tot en met juni, was het feest. Lekkere verse asperges. 's Ochtends gestoken op het land en 's middags al op je bord. Heel eenvoudig gekookt en geserveerd met een gekookt ei en gekookte ham.

Restaurant Zinc in Rotterdam werd ooit opgericht en gerund door Rob Baris. Deze kok had een al vroeg een voorliefde voor allerlei 'vreemde' producten zoals topinamboer, bulghur, pastinaak en noem maar op. Hij heeft een echte traditie opgebouwd van aparte groenten, mooie combinaties en een eerlijke manier van bereiden. Hij zit al dertig jaar in de biologische wereld en kent een gerecht met asperges, dat werkelijk subliem is. Heel eenvoudig: asperges met zeekraal en lamsoren. De asperges worden eerst geschild, in drie stukken gesneden en daarna geblancheerd. Maar let op, volgens Rob mag dat maar op één manier! Je brengt twee pannen met water aan de kook. De asperges doe je in een zeef en dompelt deze onder in de eerste pan met kokend water. Na ongeveer 10 seconden ga je meteen door naar de tweede pan met kokend water. Hier houd je de asperges ongeveer een minuut onder water. Door op die manier te blancheren, gaar je de asperges sneller en blijft de smaak veel beter behouden. Vervolgens laat je de asperges uitlekken. Dan zet je een wok op hoog vuur en laat deze gloeiend heet worden. Een beetje olie in de wok en dan de asperges erin. Voortdurend blijven omscheppen. Na een minuut gooi je de zeekraal erbij en na nog een minuut bakken de lamsoren. Nog een minuutje doorwokken en je ziet de asperges een prachtig goudbruin kleurtje krijgen. Het gerecht is klaar. Proef de lichtzoete smaak van asperges en de lichtzilte smaak van de zeekraal en lamsoren. Super! Dit gerecht is te combineren met vis, vlees of bijvoorbeeld alleen aardappelpuree.

Asperge
Geschilde asperges worden gecontroleerd in de fabriek van Marie Thumas voordat zij worden 'ingelegd', foto uit *Verzameling van Keukenrecepten van Marie Thumas, Leuven*, zonder jaar

Azijn

Azijn kan worden beschouwd als een zeer oud middel dat behalve in de medische wereld, gebruikt werd voor het bereiden van spijzen en om te conserveren. De systematische azijnbereiding dateert al uit het begin van de zestiende eeuw en in het gildeboek van Rotterdam uit 1663 wordt gesproken over een 'azijnplaets met schuur daeropstaende' verkocht door 'Henri de Viver, cruydenier aan borger Dirck Adriaanz Gorst'.

Azijn ontstaat als een (licht) alcoholische drank in aanraking komt met lucht. Onder invloed van de azijnzuurbacterie die in de drank zit en de zuurstof uit de lucht, wordt de alcohol omgezet in azijnzuur en krijgt het vocht een zure smaak. Vroeger stond azijn bekend onder de naam edik. In de Warenwet is echter vastgelegd dat azijn alleen 'azijn' mag heten als het vloeibare gedeelte ten minste 4 gram per 100 ml aan azijnzuur bevat. Edik wordt ook in allerlei variaties gemaakt maar dan is het gehalte azijnzuur onder de 4 procent. Behalve van wijn wordt azijn in ons land ook gemaakt van bier (moutazijn) en van vruchten. Zo heeft bierbrouwerij Gulpen naast een mosterdfabriek ook een azijnfabriek in Zuid-Limburg.

Een poging om zelf azijn te maken verloopt lang niet altijd succesvol. De kans dat er een schimmel ontstaat, is ruimschoots aanwezig en voor je het weet pakken de smaak en de geur geheel verkeerd uit. Blijf het proberen: verzamel in een grote glazen pot restjes wijn die overblijven. Dek de pot af met een gaasje of een stuk kaasdoek, als er maar lucht bij kan komen. Zet de pot in de zon voor het raam, de bacterie vindt dat het lekkerst om zich te ontwikkelen. Aan de oppervlakte van de wijn ontwikkelt zich binnen ongeveer veertien dagen de 'azijnmoer'. Daarna duurt het nog enige tijd voordat de azijnmoer de alcohol heeft omgezet. De azijn is na ongeveer drie maanden klaar voor gebruik. Om de azijn te gebruiken steekt u een slangetje door het laagje azijnmoer om zo de vloeistof van onderaf over te hevelen. Na het aftappen kunnen nieuwe restjes wijn worden toegevoegd, eenmaal gevormde azijnmoer die regelmatig wordt gevoed blijft namelijk jarenlang werkzaam. De kwaliteit van de azijn staat of valt met de kwaliteit van de wijn die wordt gebruikt.

Azijn
Dressings uit het
Platenkookboek, 1964

Balkenbrij

Balkenbrij
Folder met richtlijnen voor de huisslacht en recepten voor plokworst, bloedworst, balkenbrij en hoofdkaas. Uitgave van het Voorlichtingsbureau van den Voedingsraad in samenwerking met de Stichting voor Huishoudelijke Voorlichting ten Plattelande, 1946

Wie wat bewaart die heeft wat, en 'hangt het aan de balk'.

Het woord 'balkenbrij' is gemunt naar het gebruik een zak te vullen met allerhande restmateriaal van het geslachte varken en deze ter besterving aan een balk van de boerenhoeve te hangen. Goed gevonden, lijkt het, maar er vigeert een tweede uitleg: het Oudnederlandse 'bake' (buik) zou eraan ten grondslag liggen, die belangrijke varkensbuik die vlees, spek en organen bood voor lever-, rook- en bloedworst. Eenmaal gekookt, werden worsten aan spijlen gesjord om uit te lekken en dat vocht, plus het resterende kookwater, vormde de basis voor balkenbrij. Het worstenwater mengde je met de allerlaatste vleesresiduen, spekjes en grauw boekweitmeel en kookte je tot een stijve massa. Smaak kreeg het door rozijnen of krentjes en de aloude specerijenmelange 'rommelkruid', waarin zoethout, anijs en sandelhout zaten, dat laatst als 'bloedrode' puntjes te herkennen. (Slechts een enkele slager gebruikt nog rommelkruid en een spaarzaam te vinden grutter verkoopt het, maar gebruik anders dit alternatief: een halve theelepel gemalen van elk: witte peper, zwarte peper, piment, zoethout, kaneel, nootmuskaat en kruidnagel, aangevuld met 2 theelepels anijszaad en een halve theelepel venkelzaad.)

Hoewel grauwbruin gemêleerd, werd de meeste balkenbrij 'blank' genoemd. Deed je er geen sandelhout in, maar écht bloed, dan leverde dat de zogenaamde zwarte balkenbrij op. Blank of zwart: balkenbrij moest enige dagen 'staan' of hangen - aan die balk, dan maar! - om de aroma's goed in te laten trekken. Met hier een daar een uitspatting in het westen vind je balkenbrij vooral aan de rechterzij van Nederland. De (bij)namen onthullen de herkomst: Limburgers spreken van pannas, karboët of tuët, oosterlingen van balkenbriej. Huisslacht, met alle bruikbare ingrediënten, kwam in stedelijke omgevingen slechts sporadisch voor, maar stadse kokkinnen met een hang naar eigengemaakte balkenbrij wisten de basis – vleesrestjes en worstenwater - best te vinden: met manden én emmers aan de arm togen ze naar slager.

P1

slacht

Banketletter

'Zeg me wat je eet en ik zal je zeggen wie je bent.' Ja ja, dat ís inderdaad een uitspraak van Brillat-Savarin, maar het zou een variatie kunnen zijn op de gedachte waardoor men zich in vroeger tijden in grote delen van Europa liet leiden en die ongeveer neerkwam op: 'Zeg me wat je eet en ik zal je zeggen wat je kent.' Het was een visie die gemakkelijk als pittoresk bijgeloof uit een grijs verleden afgedaan zou kunnen worden, ware het niet dat uitvloeisels ervan nu, eeuwen later, een niet onaanzienlijke bron van inkomsten betekenen voor de koek- en banketbakker annex chocolatier. En dat alleen omdat men ervan uitging dat je kennis kon verwerven door afbeeldingen van die kennis op te eten (net zoals je bepaalde ziekten kon bestrijden door de heiligen die men in geval van die ziekten placht aan te roepen, in koekvorm te consumeren).

Schoolkinderen kregen een zogeheten ABC-koek, een koek met de letters van het alfabet erop, om de letters goed te leren. Het naar binnen werken van de koek zou bovendien het verstand vergroten. Zo werden er ook losse letters van brood of koek gebakken, die als leermiddel dienden en die als beloning van de gepleegde inspanningen opgegeten mochten worden. En wie zou durven vol te houden dat het betrekkelijk lage percentage analfabetisme in ons land niet mede te danken is aan al die miljoenen letters van banket en chocola die elk jaar opnieuw over de toonbank gaan? Het kan toch geen toeval zijn dat in die letterregen aan het einde van het jaar zelfs de minst poëtisch getalenteerde Nederlander zich aan rijmen en dichten te buiten gaat?

De reden dat in de eeuwen zonder gekoelde werkbanken en ijskasten alleen in de winter banketletters gebakken werden is van veel prozaïscher aard: om mooi bladerdeeg te kunnen maken moet het gewoon koud zijn. Je hebt er harde, koude boter voor nodig die in dunne laagjes tussen de vele laagjes van het steeds opnieuw opgevouwen, gekoelde en weer uitgerolde deeg blijft liggen. Bladerdeeg in de zomer? Slappe hap. Maakt niet knap.

Boterletter
Reclameaffiche Jamin, 1957,
Gemeentearchief Rotterdam

Beerenburg

Beerenburg
De woning van Marietje,
alias het kruidenvrouwtje.
Foto Philip Mechanicus, 2004

Sommige mensen hebben in dezelfde straat gewoond als iemand die later een groot dichter werd. Of met de broer van Sinterklaas. Zelf woonde ik jarenlang vlak naast het zachtmoedigste heksje aan deze kant van de Chinese muur. Klein van stuk zoals dat een tovervrouwtje betaamt en een stemmetje zo hoog als een rank wit bosvogeltje. Als ze wat zei, fladderde dat ook meteen weer weg. We noemden haar het kruidenvrouwtje.

Zilverkleurig haar had ze, met opzij een paar krulletjes. Ze woonde in een wat schuw huisje op de Amsterdamse Stroomarkt en zelf was ze ook niet al te brutaal. Haar woninkje was smal. Helemaal bovenop kon je een beeldje van een kleine bruine beer zien staan. Nergens ter wereld had iemand zo'n strijdvaardig beertje op het dak.

Steevast op zondagmorgen vroeg zag je haar de deur uitgaan. Scheef en gebogen stak ze de straat over. Met een grote wandelstok. Ze droeg dan een soort bolhoedje, en een kleine, kokette cape. Waar ging ze naar toe? Naar een wekelijks feestje voor geheime feeksjes?

Van de buurman verderop wist ik dat ze Marietje heette. Ik kan mij nog goed de dag herinneren dat ik buiten kwam en Marietje voor haar huisje stond en mij riep. 'Ach mijnheer, hoe vindt u dat nou! Hebben ze vannacht mijn mooie uithangbord weggenomen.' Het was inderdaad een mooi smeedijzeren bord, waarop diezelfde beer te zien was. Ik sprak mijn diepe verachting uit voor de snoodaard, die er geen idee van had hoeveel verdriet hij haar had bezorgd.

Af en toe stopte er een kleine vrachtauto van Jacob Hooy voor de deur en werden grote bossen gedroogde kruiden uitgeladen. Die Marietjes steile keldertrap af gingen. Een paar uur later volgde ze zelf. Wat deed ze daar? Ik heb het nooit gezien, maar kan het wel raden. Ze mengde, volgens een geheime formule, die kruiden door elkaar en het resultaat daarvan ging naar de destilleerderij. Alcohol kwam er nog niet aan te pas. Alleen de overgeleverde wetenschap van Marietje zelf.

Voluit heette ze Maria van Deventer. Het geheime recept was van haar zeventiende-eeuwse over-over-overgrootvader. Zo zit het. Dat is alles wat je moet weten wanneer je een glaasje Beerenburg achterover slaat.

H B
T WAPE VAN VENETIEN

Belegd broodje

Het belegde broodje was voor mij een uitkomst toen ik in februari 1973 als jonge meid uit Canada in Amsterdam arriveerde. Amsterdam was de 'gateway to Europe' en beginpunt van mijn wereldreis. Ik ontdekte vrij snel dat zonder strenge maatregelen mijn hard verdiende dollars niet ver zouden reiken.

Mijn eerste kennismaking met Nederlandse broodjes vond plaats in een klein snackbarretje aan de kop van de Warmoesstraat. Er stond een rij mensen te wachten om te bestellen, dus ik had genoeg tijd om de lijst met broodjes te bestuderen. In beheerste geen Nederlands, maar het woord rosbief sprong eruit. Ik kon mijn ogen niet geloven toen ik de gigantische laag plakjes rosbief op een royaal met boter besmeerd zacht, wit bolletje zag. Na de eerste verbazing over de hoeveelheid vlees, viel me op hoe dun het vlees gesneden was. Zo dun had ik het nooit eerder gezien. Maar het vlees was precies hoe ik het lekker vind - rood, sappig en mals.

Een ontdekkingsreis naar bijzondere broodjes was begonnen. Natuurlijk was Broodje van Dobben een vaste haven. Jarenlang ging ik daar elke zaterdagochtend met mijn man ontbijten. Het was moeilijk kiezen: warm vlees, kroketten, rosbief, paling of tartaar (met ui!). Van een van de personeelsleden kreeg ik mijn eerste cadeau op de ochtend na de avond waarop ik was bevallen van mijn dochter... twee broodjes tartaar, met ui en zonder zout!

Sal Meijer had (en heeft) het lekkerste pekelvlees dat ik ooit geproefd heb. Toen hij nog in de Nieuwmarktbuurt gevestigd was, ging ik daar geregeld een kopje thee en een broodje pekelvlees of een broodje halfom halen. Dat was eigenlijk een maaltijd. De broodjes daar waren een slag groter en het brood steviger, echt brood dus.

De afgelopen jaren zien we de opkomst van het chique broodje. Dat wil zeggen in plaats van een gewoon wit bolletje onder andere ciabatta, pannini of maïsbrood. Niets mis mee als het brood zelf goed is, maar al te vaak is dat niet het geval en is het te grof en/of overheersend.

Dan mijn eerste broodje rosbief.

Belegd broodje
Vleeswarenvitrine, foto uit
Het volkomen vleesboek, 1969

kaas

Beschuit

Uit de geschiedenis van Bruinisse: '...Zelfs werd de dijk bij Sirjansland doorgestoken om de Spanjaarden door inundatie het landen te beletten. Maar het gevaar kwam nader. In de nacht van 28 op 29 september 1575 waadden zij bij eb en in het gelid over de rug van de zandplaat het ondiepe Zijpe door. Elke soldaat hield het zyd [zwaard, degen] en schietgeweer omhoog en droeg een zakje met twee pond buskruit om de hals en beschuit met kaas voor drie dagen...'

Beschuit
Foto uit *Ik kan koken*, 1949

Beschuit: horizontaal doorgesneden, geroosterde beschuitbol. Het woord 'beschuit' komt van het Latijnse 'biscotum', dat 'tweemaal gebakken' betekent, net als de Oudhollandse naam 'tweebak', die in onbruik is geraakt maar voortleeft in het Friese 'bak en brea', beschuit met roggebrood.

Beschuitbol of -pof: gebakken, gerezen, delicaat gistbeslag, gemaakt van fijne tarwebloem, blanke stroop, ei, suiker, zout en beschuitgelei.
Teer juffertje: koosnaam voor beschuit. Sommige bakkers legden het beschuitdeeg 's ochtends vroeg bij hun vrouw in bed: daar werd het deeg bij de juiste rijstemperatuur gekoesterd, een voorwaarde voor luchtige, brosse beschuit zonder 'blazen'.
Bolder: ander woord voor beschuitbol.
Beschuitgelei (ook wel honingzoet genoemd): ingrediënt om beschuit extra bros en luchtig te maken. Werd vroeger door bakkers zelf gemaakt volgens eigen formule. Een recept van rond 1900: krullen van Marseillaanse zeep worden in melk aan de kook gebracht. Hieraan wordt raapolie plus suiker toegevoegd.
Beschuitdop: geperforeerde metalen vorm waaronder bolders worden gebakken zodat ze vlak blijven. Hierdoor zijn na het doorsnijden de 'onder-' en 'bovenbeschuit' aan beide kanten plat.
Wippelbeschuit: een beschuit die aan de ene kant plat en aan de andere kant bol is. Voordat de beschuitdop zijn intrede deed, rees de beschuitbol bolrond op. Na het doorsnijden had je een platte beschuit en een 'wippelbeschuit', die wiebelde op de ronde onderkant wanneer je de platte kant met iets wilde besmeren.
Beschuitje met melk: beschuit overgoten met kokende melk, bestrooid met suiker.
Beschuit met muisjes: traktatie voor kraambezoek. De met een suikerlaagje bedekte anijszaadjes symboliseren waarschijnlijk roggekorrels. Het was eeuwenlang gebruik pasgeborenen daarmee bij wijze van offerande te bestrooien.
Een fijne beschuit: een schijnheilig type.
Scheepsbeschuit: dun, heel droog 'hardbrood'.
Zonder beschuit scheep gaan: iets onvoorbereid ondernemen.
Iemand een beschuitje voeren: de gek met iemand scheren.

INHOUD
0,6 LTR.
Tieleman

Beukennootje

Aardig was 't zien, hoe zijn snorrebaard ging trillen van opgewondenheid, wanneer hij een extra mooi beukennootje te pakken kreeg.
Jac. P. Thijsse, *Herfst*

Al gaat het citaat hiernaast over een bosmuis die urenlang door onze nationale natuurheld werd gadegeslagen bij het verzamelen van nootjes, het is een sentiment dat ik goed ken. Het vinden van iets lekkers in de vrije natuur is een opwindende ervaring, en niet alleen omdat je het gratis en voor niks mee kunt nemen en op kunt eten. Hoewel ik het niet kan tonen door mijn snorharen te laten trillen, gaat het stuiten op een extra gave, dikke of glanzende noot, bes of paddestoel ook voor mij gepaard met een geluksgevoel. Driehoekige beukennootjes, al wandelend van hun dubbele bolster ontdaan en opgeknabbeld, spelen daarbij in al hun bescheidenheid ook wel eens een rol, al stellen ze culinair gezien weinig voor en worden ze bij mijn weten nooit te koop aangeboden.

Ik lees in Alan Davidsons *Oxford Companion to Food* dat de naam van de boom, beuk, in Germaanse talen (Duits: Buche) naar het woord 'boek' verwijst – volgens onderzoekers omdat de allervroegste 'boeken' en runische tabletten van beukenhout werden gemaakt. Ook wordt het wel toegedicht aan het feit dat Gutenbergs eerste drukletters van beukenhout waren. Toch stamt de botanische naam (*Fagus*) af van een Grieks woord dat 'eten' betekent. Beukennootjes, die slechts om de vier of vijf jaar in groten getale voorkomen, werden in het verleden behalve als veevoeder gebruikt om olie uit te persen en, in tijden van grote voedselschaarste, gemalen om brood van te bakken of, net als eikels, als koffiesubstituut. In sommige streken van Amerika kun je beukennotenkaas bij de supermarkt krijgen.

Helaas kan ik, omdat het lente is terwijl ik dit schrijf, de smaak ervan niet even vergelijken met pinda- of cashewkaas en moet ik mijn culinaire fantasie op gang brengen door erover te lezen.

Daar gaan mijn denkbeeldige snorharen trouwens ook van trillen: ik ben nu eenmaal een beukenworm.

Beukennootje
Affiche, illustratie Jan Wijga, 1941, collectie Gemeentearchief Rotterdam

VERZAMEL
EIKELS - BEUKENOOTJES
EN KASTANJES

Bier

In de hemel is geen bier, daarom drinken wij het hier.

Bier
Een van de stillevens uit de reclamecampagne van Grolsch, 1966/1967

Als Nederland met iets groot is geworden, is het wel met bier. Op vakantie weet iedereen in de plaatselijke kroeg altijd mee te praten over Heineken en Cruyff. Voor velen staat Heineken gelijk aan bier, de echte bierdrinker gaat liever voor Dommelsch, Palm of een Koninckje. Er zijn in Nederland bijna meer biersoorten dan tulpenrassen en dat wil wat zeggen.

Mesopotamiërs en Egyptenaren waren de grootste bierdrinkers van de Oudheid. Zij maakten een lauwe drank van geweekt gerstebrood, het nat van dadels, op smaak gebracht met karwij, mirte, gember en honing, die gretig aftrek vond.

Om het huidige bier te maken wordt graan gegist. Hoe dat ooit ontdekt is, is niet helemaal duidelijk. Het meest waarschijnlijk is dat de kennis hiertoe geleidelijk werd opgebouwd toen men graan is gaan verwerken voor het bakken van brood. Behalve graan is water nodig, gist en hop. Vroeger werd er geen hop aan toegevoegd maar een verzameling van planten en kruiden, bekend als gruyt. De samenstelling van het gruyt was overal anders, afhankelijk van het aanbod in de weiden. De landadel was in het bezit van het 'gruytrecht'. Voor het plukken ervan moest een premie betaald worden, de eerste vorm van accijns.

Bier brouwen was in de vroege Middeleeuwen een huisambacht, men brouwde voor eigen gebruik. Wanneer men te veel bier gebrouwen had, hing men een kruik aan de gevel ten teken dat iedereen welkom was om een beker bier te komen drinken. Zo ontstonden de 'teercamers' en herbergen. Nog steeds is het wettelijk toegestaan om in eigen huis te brouwen. Men mag ongeveer 100 liter per maand accijnsvrij brouwen, dat toch ruim voldoende zou moeten zijn voor een gemiddeld gezin.

Eigenlijk is het verbazingwekkend dat niet veel meer mensen thuis hun eigen bierbrouwerij in de schuur hebben. Ingewikkeld om het zelf te maken is het niet en binnen een week heb je profijt van je werkzaamheden en kun je een pintje nemen. Zondag tussen het autowassen en Studio Sport in even een nieuw vaatje ter gisting zetten en je kunt dagelijks genieten van je eigen biertje.

Grolsch

Bitterkoekje

Bitter als de liefde zelf. De amandelboom staat voor de eeuwige liefde, is zelfs immuun voor de dood. Maar tegenstrijdig genoeg kunnen amandelen wel het giftige 'amygdaline' bevatten. Deze stof zorgt ervoor dat je helaas niet onbeperkt kunt eten van de mooie amandel.Toch heeft deze giftigheid niets met de bitterheid te maken. Er bestaan naast bittere amandelen ook zoete amandelen. Van oudsher worden ze in gebak en zoetigheden gebruikt. Bitterkoekjes worden gemaakt van een mengsel van 2 delen Zuid-Europese amandelen, 1 deel bittere amandelen en 6 delen suiker. Door dit steeds fijner te draaien en te mengen met eiwit ontstaat het bitterkoekjesspijs waarvan het koekje gebakken wordt. Bitterkoekjes horen sinds lang bij de bruidsoffers. Vroeger bestond de gewoonte om koek en snoep te gooien bij een bruiloft; bijvoorbeeld pepernoten, bruidssuikers, suikerbonen èn bitterkoekjes. Door hun mengsel van zoet en bitter, als in het huwelijk zelf, waren bitterkoekjes het ultieme huwelijksgebak. Gek genoeg is het bitterkoekje daarna een hele andere kant opgegaan. Het verdronk in de pudding! Bitterkoekjespudding kennen wij als rechtgeaarde puddingeters in allerlei variaties. Althans, toen de pudding nog echt populair was, tientallen jaren geleden. Griesmeelpudding, rijstebrij en als luxe verrassing op zondag en met kerst bitterkoekjespudding. Dat deze traditie nog niet verdwenen is, laat het assortiment van toetjesfabrikant Mona zien: ook bitterkoekjespudding staat nog in het schap. Maar het allerlekkerste blijft toch het echte bitterkoekje. En dan het liefst zo'n lekker taai, hard bitterkoekje. Een bakkerstip is een sneetje brood in de zak bij de koekjes doen, dan trekt het vocht uit het brood in de koekjes en het resultaat is een heerlijk zacht bitterkoekje. Nee, niet doen dus. Gewoon het zakje open laten staan. Dan wordt het pas echt genieten.

Bitterkoekje
Bitterkoekjesdessert uit *Etenswaardigheden*, Nederlands Zuivelbureau, zonder jaar

Bloedworst

*Bloodkook, wee hoalt doar nich van?**

Bloedworst
Wikkel voor een blik bloedworst, zonder jaar, museumcollectie Unilever Rotterdam

Je kon als boer een bankje van honderd onder de matras schuiven, maar in de agrarische wereld was het spreekwoordelijke (spaar)varken vroeger letterlijk je beste keus om met gevulde maag schralere tijden te trotseren. Het dier leverde 'time-released' vlees: zaken die snel op moesten naast vlees dat wat langer kon liggen of zelfs een schier eeuwige houdbaarheidsdatum had, zoals spek, kinnebakken en rookworst.

Wanneer vroeger de slachter of huisslager kwam om 'het varken klein te maken', werd het dier gekeeld, op een ladder gesjord en opengemaakt. Direct ging er een teil onder om bloed en darmen op te vangen. De slachter verdeelde het vlees, gadegeslagen door 'slachtvisite' of 'vetspijzers': geïnteresseerde buren en vrienden die naar de slacht van dat ene dier een hele zomer hadden toegeleefd. Bij verleende hand- en spandiensten kregen ze wat worst mee naar huis, nog warm van het koken. In de goede - maar vaak door armoe gedreven - traditie van het boerenland werd àlles van het dier gebruikt: van het bloed voor de 'bloodkook' tot en met het haar, voor borstels. (Zelfs het kookvocht waarin de rookworsten gaarden kwam van pas, als basis voor balkenbrij.)

Karbonades of varkenshaas waren deftig vlees en gingen naar m'neer pastoor of heer dominee, en van de ham bleef je voorlopig af, maar bloedworst was typisch zo'n product dat snel op moest. Weinig thuiskoks beginnen er nog aan, maar je maakt bloedworst met onder meer 3,5 deciliter vers varkensbloed, 300 gram uien, 250 gram vetspek en 2 meter varkensdarm. 'Bloedworst is vergelijkbaar met Twentse bakleverworst' opperde een culi eens, maar als ervaringsdeskundige mag ik die bewering naar het rijk der fabelen verwijzen: mijn Twentse grootouders namen vroeger bij logeerpartijen zowel die heerlijk bakleverworst als puike bloedworst mee en ik beminde beide: de bakleverworst met stukjes vlees erin, de onvergetelijke smaak met sporen van boekweit.... de bloedworst kort en knapperig gebakken, nog zacht van binnen en uiteraard met een schijf meegebakken renet in de buurt... Mmm, gouden tijden!

**Twents voor: bloedworst, wie houdt daar nu niet van?*

FIJNSTE VLEESCHWARENFABRIEKEN

UNOX

Unox bloed worst

GELARDEERD MET FIJN BLANK SPEK

ALLE RECEPTEN EN ADVIEZEN OP HET GEHEELE GEBIED VAN TAFEL EN KEUKEN WORDEN U OP AANVRAAG OMGAAND EN ZONDER KOSTEN TOEGEZONDEN DOOR HET UNILEVER VOORLICHTINGS INSTITUUT, POSTBUS 160, ROTTERDAM

Boerenmeisjes en boerenjongens

Drentse steernties, juffertje in 't groen, kwartiertje na vijven, hoe langer hoe liever, Hansje in de kelder en roosje zonder doornen, ofwel: traditionele Oudhollandse drankjes met tot de verbeelding sprekende namen. Nederland kent veel van dit soort streekgebonden brouwsels. Ze zijn vaak flink zoet en hebben een niet te zuinig alcoholpercentage. Vroeger hield men wel van een neutje. Boerenmeisjes en boerenjongens horen ook in het rijtje thuis. Boerenmeisjes worden gemaakt van gedroogde zure abrikozen, met veel suiker en wat citroenschil ingelegd in brandewijn. Haar broertje boerenjongens bestaat uit gele rozijnen die, met suiker en pijpkaneel, eveneens op brandewijn bewaard worden. De vruchten hebben zo'n drie maanden nodig om te rijpen in weckflessen. In die tijd zuigen ze zich vol met de steeds geuriger wordende brandewijn.

Het genieten van deze lekkernijen was vroeger verbonden aan feestelijke gelegenheden. In Friesland werden boerenjongens uit de kelder gehaald om de geboorte van een kind te vieren. Ook het binnenhalen van de oogst vormde een prima excuus om ervan te snoepen. Op Marken kregen bruiloftsgasten 'een schep uit de kom', die rijkelijk was gevuld met rozijnen en brandewijn. In Brabant werden boerenjongens 'Brabants knipoogje' genoemd en wist men er goed raad mee. In Leiden heetten boerenmeisjes ook wel 'kladder'. Kladder gold als typisch vrouwendrankje, 'voor grote meisjes en tuttebellen'. Menig Leids verjaardagsfeestje werd ermee opgeluisterd.

De vrolijk stemmende boerenkinderen zijn niet in de vergetelheid geraakt. Restaurants met een voorkeur voor streekgerechten zetten ze vaak op de kaart. Niet alleen uit nostalgie en de bijbehorende marketingoverwegingen. Want boerenmeisjes smaken heerlijk op ijs en pannenkoeken en boerenjongens laten zich verrassend goed combineren met oude kazen. Distilleerderij Van Wees, Neerlands hoop wanneer het gaat om het bewaren van alcoholische tradities, maakt de drankjes nog steeds. Van speciaal geselecteerde zuidvruchten en brandewijn van eigen fabrikaat. De smaak wordt nog eens extra ondersteund door toevoeging van distillaat van abrikoos en rozijn. Ze zijn het proberen waard. Maar pas op, boerenmeisjes en boerenjongens zijn niet kinderachtig.

Boerenjongens
Reclame voor boerenjongens van de Likeurstokerij en Limonadefabriek J. Voogd in Schiedam, niet gedateerd

Boeren-
Jongens
BOERENJONGENS
N.V. LIKEURSTOKERIJ EN LIMONADEFABRIEK
Telef. 350
J. VOOGD - SCHIEDAM
Telef. 350

Bolus

Bolus, een raar woord eigenlijk. Van Dale geeft diverse betekenissen: -1 fijne kleiaarde, bevat ijzeroxide, is vettig op het gevoel en heeft een sienna-bruine kleur; - 2 grote brok of pil van conserven, poeders met stroop, als geneesmiddel aangewend, m.n. bij dieren; - 3 plat rond gebak, bestaande uit meel, snippers sukade en stroop; - 4 billen, vooral van kleine kinderen; - 5 hoop mensendrek, drol.

Deze bolussen zijn van de soort nummer 3, dus een plat rond gebak. In mijn ogen is het gewoon een veredeld zoet broodje waar een drol van gedraaid is of een knop van gevormd. Het is een gistdeeg dat door de bakkerswereld ook wel een luxe gerezen brooddeeg genoemd wordt. Bolussen zijn gemaakt van een gistdeeg. Dit deeg heeft enige tijd nodig om te rijzen waardoor het z'n luchtige structuur ontwikkelt.

De bolus komt oorspronkelijk uit Zeeland, hoewel de meningen hierover uiteenlopen. Volgens sommigen komen de enige echte bolussen uit Amsterdam en zijn ze joods. Dat zijn gemberbolussen, waar de basis ook het luxe gistdeeg is, er gembersiroop over het deeg gesprenkeld wordt en ze gebakken worden in aluminium vormpjes. Uit die vormpjes moet je ze met veel moeite lospeuteren, je vingers aflikkend. Het Jiddische 'bole' stamt af van het Sefardische (Spaans-Joodse) 'bollo', fijn broodje. Het meervoud van bole is boles en zo is de verwarring met bolus tot stand gekomen.

Boles worden in Nederland verkocht als gemberbolussen. De bolus werd in de gloriedagen van de joodse gemeenschap in Middelburg (begin negentiende eeuw) veelvuldig geconsumeerd. De lekkere (gember)bolussen werden ook buiten Zeeland bekend, waarop het een Zeeuwse bolus werd. De andere variant van de Zeeuwse bolus is een overheerlijk, kleverig kaneelbroodje van luxe gerezen gistdeeg met een sienna-bruine kleur dat als een 'drol' gerold en gebakken is op de plaat.

Bolus
Geschenkverpakking voor de Zeeuwse bolus, foto David van Dijk, 2004

Ambachtelijke
Zeeuwse Bolus
Ambachtelijke Zeeuwse Bolus

Borstplaat

Borstplaat
Reclameaffiche Jamin, 1947, collectie Gemeentearchief Rotterdam

Veel gesnoept werd er niet bij ons thuis. 'Iets lekkers' betekende een biscuitje bij de thee als we uit school kwamen, een dropje na het schaven van een knie, een pepermuntje wanneer de dominee aan de preek begon en een langejan op verjaardagspartijtjes. De ultieme traktatie voor ons kinderen bestond, op regenachtige herfstvakantiemiddagen bij het derde potje monopoly, uit een half minimarsje.

En dan kwam Sinterklaas in het land. Zo halverwege november, wanneer guur weer ons van de straat hield en wij verveeld de tijd tussen school en avondeten doodden, werd het feest. De goedheiligman betekende voor mijn broer en mij maar één ding: borstplaat. Mijn moeder, van nature geneigd tot matigheid en in staat een gekregen doos bonbons te laten bederven, regeerde het hele jaar door met strenge hand over de snoeptrommel. Maar we mochten wél zelf borstplaat maken.

Liters slagroom en bergen suiker vielen ons ten deel. Zelf wegen, zelf het vuur aansteken en zelf koken. Daarna begon het roeren. Roeren gebeurde met een metalen lepel, nooit met een houten. Wanneer je de lepel door de zacht bubbelende massa bewoog, kraste de suiker tegen de bodem van de pan. Dat krassen is een van de prettigste geluiden die ik me herinner uit mijn jeugd. Het betekende straks, als de borstplaat klaar zou zijn, een zoetzalige suikerkick waar we dagenlang van zouden stuiteren. De suiker diende langzaam op te lossen in de room. Als je een druppel van het kostbare spul in een kopje koud water liet vallen, moest het een bolletje vormen. Dan zouden we de gloeiende massa overgieten in de hartvormen die lagen te wachten.

Maar zover kwam het nooit. Nadat we een paar minuten ijverig met onze lepels in de hete vla hadden staan porren, werden mijn broer en ik steevast bevangen door een ongeneeslijke vorm van ongeduld. Suiker gesmolten of niet, wij verlangden zo hevig naar zoetigheid dat we de klonterige massa voortijdig zowel in als naast onze harten stortten. Jaren later proefde ik voor het eerst van mijn leven borstplaat van een banketbakker. Die haalde het niet bij de onze.

Zie de borstplaat is gekomen
BORSTPLAAT 100 GRAM 22 c.
BORSTPLAATJES 100 GRAM 20 c.

Bossche bol

Een bol met een servetje

Echte Brabanders hebben het over 'sjeklade' als ze chocola bedoelen. En als ze het over sjeklade hebben, dan komt er algauw een bol aan te pas. Een sjeklade bol dus, beter bekend als de Bossche bol. Deze uit z'n kluiten gewassen moorkop is niet voor niets zo beroemd geworden. Want dit gebakje heeft alles in huis wat een gebakje moet hebben. Hij ziet er zeer smakelijk uit, hij is zoet en romig en je wordt er dik van. Het enige nadeel is de manier waarop je 'm naar binnen werkt. In negen van de tien gevallen eindigt het eten van een Bossche bol in een smeerboel. Daarom geven ze er in 's-Hertogenbosch steevast een servetje bij. En bestek. Een Bossche bol eet je niet met een vorkje, die eet je met een vorkje en een mes. Met dat mes snijd je de bol in hapgrote stukken. Met het vorkje hark je de slagroom bij elkaar die er bij het snijden is uitgespoten. Dat je de slagroom daarbij soms ook van je buurman moet schrapen, neemt de liefhebber op de koop toe.

De uitvinder van de Bossche bol, Jan de Groot, moet een bijzondere man zijn geweest. Op de website van bakkerij de Groot kun je hem bekijken. Daar waar je de beeltenis verwacht van een gezellige, bolle bakker, is het portret te zien van een wat oudere, ingetogen man met een nogal mager gezicht. Iemand die best een Bossche bol extra kan gebruiken. Maar al was het hem misschien niet af te zien, Jan de Groot moet gevoel hebben gehad voor joie de vivre. Want iemand die een Bossche bol bedenkt moet van het leven houden. Alleen een gul en hartelijk iemand spuit het soezendeeg in royale porties op de bakplaat. En alleen een levensgenieter begrijpt dat die bol niet half, maar helemaal in de 'sjeklade' moet.

Bossche Bol
Op uitnodiging van het Europees Keramisch Werkcentrum in Den Bosch hebben Nederlandse en buitenlandse ontwerpers en kunstenaars voor het project *Dutch Souvenirs* eigentijdse Nederlandse souvenirs gemaakt.
Bossche Bollen, gegoten porselein, Sigurdur Gudmundsson, foto Corné Bastiaansen, 2003

Boter

Nederland is het enige land waar margarine boter wordt genoemd. Wij moeten rare, overbodige toevoegingen als 'echte', 'goede' of 'room' gebruiken om duidelijk te maken waar het over gaat. En kies je dan roomboter, dan koop je er een schuldgevoel bij. Iedereen, elk bureau, elke instantie die het beste met ons voorheeft, en dat zijn er nogal wat in dit land, preekt hel en verdoemenis over dierlijke vetten, boter voorop. Geen wonder dat we geen onderscheid (durven) maken tussen de verschillende boters. Geen wonder ook dat er maar weinig boeren zijn die topboter willen maken, van ongepasteuriseerde room, licht rins en ouderwets gekarnd. Ze zouden het toch niet verkopen voor de noodzakelijkerwijs hogere prijs.

Terwijl boter heerlijk is, boter is magnifiek. Hollanders maken al heel, heel lang boter. Ons drassige land is al sinds de Middeleeuwen geschikt voor veeteelt en koel genoeg om boter te maken (in warme streken smelt die immers).

Buitenlandse kroniekschrijvers verbaasden zich reeds in de zestiende eeuw over het Hollandse eten van boter èn kaas op brood. Luxe op luxe! Gelukkig zijn er nog steeds enkele boeren die boerenboter maken, op de eigen boerderij, van ongepasteuriseerde melk. Deze boter is geuriger, lekkerder, net zoals rauwmelkse kaas geuriger en lekkerder is dan de gepasteuriseerde versies. De beste kans op dat soort boter heb je bij de makers van Boeren-Leidse, aangezien die kaas van afgeroomde melk wordt gemaakt. En wat gebeurt er met de room? Precies. Vergeet Friesland, daar regeren de fabrieken. Nee, gek genoeg haal je de beste boter uit een streekje vlak tegen, of in de Randstad. Denk terug aan de Tachtigjarige Oorlog, aan de koene Geuzen, en beleg je brood met boerenboter en boerenkaas.

Boter
'Gezellig boter serveren' uit *Het complete kookboek voor de goede keuken* van Edda Meyer-Berkhout, 1976

Boterbabbelaar

Nog niet zo lang geleden, tot het begin van de vorige eeuw, was het gebruikelijk dat huisvrouwen en boerinnen de boterbabbelaar zelf thuis maakten. De basis was bij iedereen hetzelfde: maak een suikerstroop van water en suiker, roer daar boter en een beetje zout door en kook de stroop vervolgens in tot een dikke, taaie massa. Trek de massa vervolgens uit tot lange repen en leg die op een bakplaat. Snijd ze in blokjes en laat de babbelaars afkoelen.

Toch had iedereen zijn eigen variatie op dit recept en ook smaakte een portie babbelaars geen twee keer hetzelfde. Kaneel is een bekende toevoeging, die tijdens het afkoelen aan de botermassa wordt toegevoegd waardoor een crèmekleurige substantie ontstaat. Verder zijn temperatuur en vochtigheidsgehalte van invloed op het eindresultaat. Vooral door de suiker trekt een boterbabbelaar vocht aan, door het uittrekken van de taaie massa wordt de juiste stijfheid verkregen. Hoe vochtiger de massa, hoe vaker er getrokken moet worden. In vaktermen heet dit 'in het grein trekken'.

De boterbabbelaar is een Zeeuws product, het dankt zijn naam inderdaad aan het babbelen bij de koffie en de thee. Het was de gewoonte om het eerste kopje met suiker te serveren en bij het tweede een babbelaar te geven. De hete drank liep dan via het babbeltje in de mondholte, gezoet naar binnen. Met de bekende Zeeuwse uitspraak 'is de babbel nog niet uit' wordt aangegeven dat er wel erg lang koffiepauze genomen wordt. Tegenwoordig worden er nog maar zelden babbelaars in huiselijke kring gemaakt. Suikerbakker Diesch bakt sinds 1892 boterbabbelaars in het Zeeuwse. Hoewel het bedrijf nog steeds onder die naam bestaat is de bakker al sinds 1948 in handen van de familie Christiaansen. Bij de productie van de babbelaar bij Diesch staat het ambachtelijke voorop, bijna alles is handwerk. Als je aan een oude Zeeuw op straat vraagt wie de lekkerste babbelaar maakt, moet je niet raar opkijken als deze antwoordt: 'mijn moeder vroeger thuis.'

Boterbabbelaar
De stormvloedkering Oosterschelde is in korte tijd even Zeeuws geworden als de traditionele Zeeuwse babbelaar, foto David van Dijk, 2004

STORMVLOEDKERING OOSTERSCHELDE
ZEEUWSE ROOMBOTER
BABBELAARS

Boterham

Ooit een symbool van zuinigheid (zeg maar armoe), tegenwoordig aangewend als voorbeeld van een 'verloren tijd' met inherente normen en waarden, waarnaar wij weer dienen te streven. De politici die de 'boterham met tevredenheid', samen met de spruitjeslucht, inzetten als exemplarisch heimweemiddel, kennen die begrippen slechts uit de tweede hand, als abstractie, van horen zeggen, uit de literatuur of het woordenboek. Het is de Roosvicee-generatie die verwijst naar de tijd van de levertraangeneratie, toen er nog bordjes 'verboden te spuwen' op het achterbalkon van de tram hingen, men zilverpapier spaarde 'voor de arme kindertjes in India' en er in de bioscoop gecollecteerd werd voor Bio-Vacantie-Oord.

Wanneer ik tussen de middag van de lagere school naar huis holde, dacht ik al aan wat ik op mijn boterham zou willen: mijn favoriet was kokosbrood, maar daarvan mocht ik slechts bij hoge uitzondering een half ons gaan halen bij Simon de Wit om de hoek. Er was roze, wit of bruin en dat ik een keus moest maken was elke keer tergend moeilijk. Het sprak eigenlijk vanzelf dat er na een boterham met zo'n exotische traktatie maar één ding kon volgen: een boterham met tevredenheid. Het brood was witte knip.

Lange tijd wist ik niet beter of het was een bedenksel van mijn moeder. Zij was tevens de uitvindster van het 'zilvervlees', een handige manier om mijn broer en mij iets te laten eten dat zij er anders niet in kreeg. Het was een eufemisme voor vet, in de vorm van de brede randen waarmee haar sudderlappen omzoomd waren.

Wij Nederlanders staan erom bekend dat we zo'n beetje alles op een boterham eten, van hele rauwe vissen tot en met repen chocola en speculaasjes. In onze taal heeft het woord 'beleg' een dubbele betekenis. Er is maar één ding dat beide in zich zou verenigen: een boterham met tulpenbol.

Maar daar hoor je de politiek niet over.

Boterham
Boterham met tevredenheid, aquarel Rein Dool, 1997

Chocolademelk

Koninklijke chocolademelk

Chocolademelk is zo'n heerlijk ouderwets product waar wij Nederlanders een warm gevoel van krijgen. We denken dan aan oer-Hollandse taferelen van koek en zopie op het ijs, spelletjesavonden en Sinterklaas. Of aan het zwembad waar je vroeger na het zwemmen op zondagochtend voor een kwartje een plastic bekertje gloeiend hete chocolademelk uit de machine kon halen. Chocolademelk is nostalgie. Al ver in de geschiedenis werd de drank gedronken. Eerst in de chique milieus die de dure cacao uit de kolonies konden bekostigen. Maar later ook door het gewone volk. Het blikje Droste-cacao was bijna in elk huishouden te vinden. En rond de winterse feestdagen stond er altijd wel een pannetje chocola op het fornuis te warmen.

Chocolademelk is niet te vergeten ook nauw verbonden aan het koninklijk huis. Elk jaar werd met kerst hoogstpersoonlijk door Hare Majesteit de Koningin een kopje chocola geschonken voor de hofhouding. Het was de jaarlijkse ode aan het personeel. Het gebruik inspireerde Wim Sonneveld tot een van zijn meesterlijkste sketches. Als hofstalmeester aan het koninklijk huis keek hij elk jaar uit naar het moment dat 'de Konegin' rondging met de chocolademelk. Het liefst zag hij op zijn chocolademelk een vel, het beroemde 'koninklijke vel'. Het kerstgebruik is sinds het aantreden van koningin Beatrix afgeschaft. Ze vond het een kneuterig en misplaatst ritueel en hield het schenken voor gezien. Toch blijft de drank verbonden aan het Koninklijk Huis. Op speciale gelegenheden komt de cacao weer uit de kast en drinkt de koninklijke familie chocolademelk. Met of zonder vel.

Chocolademelk
Prins Willem-Alexander drinkt met Kerstmis een kopje warme chocola, foto Mieremet/ANEFO, 1971, collectie Nationaal Archief Den Haag

Cranberry

In de stal van de oude boerderij aan de Kooiweg in Hoorn op Terschelling staan geen koeien meer. Af en toe hoor je wel geloei, maar dat komt uit de grote ligboxenstal die op het erf gebouwd is. Tussen de rommel en oud gereedschap dat her en der verspreid staat in de oude stal, staat een grote, blinkende roestvrijstalen bak met een fiks aantal lange tanden als bij een hark. Als ik mijn neef, die nu op de boerderij woont, vraag wat dat in hemelsnaam voor een ding is, legt hij me uit dat het een bak is om cranberry's te plukken. Je pakt het ding bij de handvatten aan de bovenkant, steekt de lange pennen in de cranberrystruiken en trekt de bak vervolgens omhoog zodat de bessen eraf gerist worden en in de bak rollen. De bak wordt geleegd in een grote mand die wordt opgehaald door de four-wheel drive van de pachter van de cranberryvelden. Een beetje goede plukker kan in een goed cranberryjaar wel vijfhonderd kilo bessen per dag plukken, vertelt mijn neef.

Hoe de cranberry op het eiland gekomen is, is niet geheel duidelijk. Er is natuurlijk het verhaal van de jutter Pieter Sipkes Cupido, die een aangespoeld vat over de duinen sleepte omdat hij dacht dat er wijn in zou zitten. Toen hij het vat openmaakte en er bessen uitrolden, gaf hij uit pure frustratie een rotschop tegen het vat zodat de cranberry's in het rond vlogen. Dat zou het begin van de cranberrycultuur op Terschelling zijn geweest. Er wordt aan dit verhaal getwijfeld. Zeker is dat de eilanders eerst geen waarde hechtten aan de cranberry. Ze waren zuur en wrang. De armste Terschellingers sneden soms twijgen van de struik om ze in bossen aan de bakkers te verkopen, die er hun ovens mee stookten. Eind achttienhonderd begonnen de Terschellingers pas de commerciële en culinaire waarde van de cranberry te ontdekken. De bessen moesten met de hand geplukt worden om kneuzingen te voorkomen. Toen de Terschellingers door het toerisme welvarender werden, was het moeilijk om genoeg plukkers te vinden en werd de plukbak ontwikkeld. Eerst een klein houten bakje met maar een paar ijzeren pennen, dat nu uitgegroeid is tot de grote glimmende bak die in de lege stal van de boerderij staat te wachten op de nieuwe cranberrypluk.

Cranberry
Cranberries in de duinen met op de achtergrond de Brandaris, foto Studio Eke van Mansvelt

Deventerkoek

Het was niet makkelijk om rond 1400 een Deventer koekenbakker te zijn. Rond 1417, het jaar waaruit de Deventer kruidkoek of ook wel ellekoek stamt, golden er bijzonder strenge voorschriften rondom de samenstelling. De bakkers stonden onder ede en de hoeveelheden van deeg en kruidenmengsel waren nauwkeurig bepaald. De lange koeken moesten 3 pond en de korte koeken 2 pond wegen. En het was ten strengste verboden om muf of verstikt rogge te gebruiken. De deventerkoek moest daarnaast absoluut in Deventer worden gebakken en iedere bakker was verplicht zijn eigen merk op de koeken aan te brengen. Plagiaat kwam wel voor, want vanaf 1468 werden in Zwolle, Utrecht en Amsterdam Deventer koeken nagemaakt. Maar de koeken uit Amsterdam waren te zwaar van gewicht en doorstonden de toets dus niet. Anno 2004 wordt de deventerkoek nog steeds alleen in Deventer gebakken, volgens een nog altijd geheim bewaard gebleven recept.

In vroeger tijden leidde de deventerkoek tot plezier, vermaak en symbolische rituelen. Ze werd gebruikt voor koekslingeren, waarbij in een weiland de lange, taaie koek als een discus werd weggeslingerd. Wie de koek het verste wierp was de winnaar. Wanneer een jongen zijn meisje kwam vragen, zorgde de lange koek voor een mooi schouwspel. De hele familie werd bijeengeroepen en de beide verliefden stopten elk een uiteinde van een Deventer koek in de mond. De liefde moest zo groot zijn dat ze de koek zonder handen konden opeten. Slaagden ze hierin, dan was het trouwfeest een feit. Lukte dit niet, dan ging de jongeman onverrichter zake terug naar huis. En ook nu nog wordt de lekkernij bij speciale feestelijke gelegenheden gebruikt: met een lint wordt de koek op de mouw gespeld. Zo gebeurde dat onlangs bij prins Willem-Alexander en prinses Máxima. De traditie leeft nog steeds voort, ondanks het feit dat 's lands grootste kruidenier de koek onlangs uit het assortiment haalde.

Deventerkoek
Affiche voor Bussink's Koek, ca. 1910, collectie Gemeentearchief Rotterdam

Op verschillende Exposities Bekroond met den Hoogsten Prijs.
Voor NAMAAK wordt Gewaarschuwd
Gezondste Delicatesse
HOFLEVERANCIER
DEVENTER KOEK ·
FABRIKAAT VAN
Jb BUSSINK
In · de · van · ouds · her ·
· Gekroonde ·
ALLEMANSGADING.
Echtheid gewaarborgd door bovenstaande handteekening
Dagelyks Verzendingen naar alle Deelen der Wereld
Jb BUSSINK
DEVENTER
Eenige Inrichting op dergelyke Schaal.
· GEDEPONEERD · ART · 2 WET · 25 · MEI · 1880 ·

Drabbelkoek

Drabbelkoek
'Friesche drabbelkoeken.
In het Noorden weet men ook wat lekker smaakt!'
Foto uit *Calvé-Delft's Winterboekje*, zonder jaar, foto Henri Berssenbrugge

Drabbelkoeken zijn ontstaan rond 1850 in de omgeving van Sneek. Een bus drabbelkoeken kostte een gulden en dus was het vooral de elite die genoot van deze specialiteit. In 1935 ging een twintigjarig meisje vaak met de stroomtrein van Sneek naar Bolsward. In de wachtkamer at ze altijd een drabbelkoek, toen wel 40 cent per stuk. Ze had het ervoor over, want ze vond ze nou eenmaal veel lekkerder dan een taartje. De Friese koeken lijken op een bros vogelnestje en worden volgens een speciaal recept gemaakt dat moeilijk te evenaren is, al is het alleen maar door het bijzondere drabbelkoekentrechtertje met meerdere kleine gaatjes. Daardoorheen wordt al ronddraaiend een beslag geschonken van boekweitmeel, kaneel, suiker, melk, bloem en ei in hete roomboter. De boter mag niet bruin kleuren en niet heter dan 80 graden worden. Vroeger gebruikte men naast boter ook wel reuzel of kalfsvet. Goudbruin moeten de drabbelkoeken worden gebakken, daarna uitlekken en de juiste vorm krijgen in een rond zeefje. Ze worden in Friesland nog steeds op vele plekken verkocht, maar slechts op twee plekken gemaakt. In Sneek worden ze sinds oudsher door Haga's Boterdrabbelkoeken bakkerij gemaakt, twee per minuut en tweehonderd per dag. Volgens de bakker is de hoeveelheid honing of suiker van doorslaggevend belang. Maar het recept is omstreden en bovendien absoluut geheim. Geen enkel recept dat in kookboeken staat schijnt het juiste te zijn. Stichting Aldfaers Erf maakt ze ook nog steeds. In Allingawier, waar Haga's Boter-drabbelkoeken vroeger werden gemaakt. Yde Schakel van Aldfaers Erf vertelt dat ze een hoog bedrag hebben moeten betalen voor het drabbelkoekenrecept, dat ze indertijd van ene bakkerij Jansen kochten. Maar het is treurig gesteld met de drabbelkoek. De Friezen zijn er niet meer zo dol op. Oranjekoek geniet nu de populariteit. Slechts de Friese ouden van dagen kennen de drabbelkoeken nog echt. Het meisje van twintig is nu bijna negentig en haar herinneringen aan de drabbelkoeken in de wachtkamer zijn nog altijd springlevend...

Droge worst

Droge worst in de lambrusco

Droge worsten maken ze overal, van het keuterigste boertje in de Connemara tot de moezjiek in Omsk. De kunst blijft vooral dat er in de worst tijdens het drogen geen lucht zit. Het geringste beetje lucht maakt de kans op bederf groter. Je kunt de te drogen worsten eerst roken, het liefst op het vuur van de takken van een wijnstok.

Wat gaat er zoal in een droge worst? Wel, eigenlijk alles wat we niet een, twee, drie eten van het pas geslachte varken: de oren, de snuit, de mombakkes, de staart en de longen, maar vooral toch het magere restvlees op de ribben. Voor de mooie worsten snijdt de boer stukken rood vlees van de bil en schouder van een al wat ouder varken, voor de grove worsten de abats, waar meer vet aan mag zitten. Wanneer een varken oud is, zit er minder vocht in het vlees en dat is juist goed. Alles wordt goed geschoond en langzaam gemalen. Er gaan wat kruiden bij, die van Rabelais bijvoorbeeld, met zout, peper en kruidnagel. De boerin bewerkt het vlees krachtig met haar handen zodat zoveel mogelijk lucht eruit geperst wordt en het een homogene vleesmassa wordt. Dan gaat alles in de met heet water gewassen darmen en worden de gevulde darmen in een droogkamer gehangen om voor te drogen bij een temperatuur van dik 20 graden. Daarna wikkelt de boerin ze in garen of netten om ze vorm te geven en hangt ze een paar maanden op aan de eeuwenoude balken van de keuken of in een droge kelder. Samen met de hammen en de appels vormen ze de reukhistorie die we zouden moeten koesteren, in plastic verpakkingen ruikt niets meer ergens naar.

Wanneer de worsten een paar maanden hebben gehangen, wegen ze nog maar tweederde van hun begingewicht. Al het vocht is verdwenen. Hoe dikker de worst, hoe langer deze moet hangen. Vaak vormt zich bij het drogen in echte droogkamers nog een korst om de worst. Die kan soms zo dik zijn dat de worst in vochtige doeken geweekt moet worden om gesneden te kunnen worden. Sommige koks drenken die doeken in krachtige jonge wijn zoals lambrusco. De smaak daarvan zit na een dag of tien ook in de worst.

Droge worst
Diverse soorten worsten, foto uit *Het volkomen vleesboek*, 1969

Drop

Drop
Knoop van trekdrop van
Shinkichi Tajiri, 2003,
foto Philip Mechanicus, 2004

Spelen bij mijn beste vriendin was vroeger een feest. Op de zolder stonden tussen de oude kinderstoelen, koffers en afgedankte meubelen verschillende dozen drop. Die waren daar neergezet door haar vader. Hij was verkoopleider bij Venco en reed door heel Nederland met enorme ladingen drop in de achterbak. De restanten werden opgeslagen op zolder en niemand keek er meer naar om. Behalve wij. De hele dag deden we ons tegoed aan de gekleurde staafjes, boerderijdrop, mintnopjes en honingdrop. Van de dozen bouwden we hutten en als we zin hadden pulkten we een dropje uit de 'muur'. Die zolder was een paradijs.

Nederlanders zijn dol op drop. De heren van Venco schatten dat Nederlanders gemiddeld zo'n 2 kilo per jaar eten. Dat komt neer op maar liefst 30 miljoen kilo drop in totaal. Daarmee zijn Nederlanders de grootste dropeters ter wereld. Het muntdropje, tussen zoet en zout in, is het populairst.

Drop is tot op de dag van vandaag een typisch Hollands product gebleven. Terwijl de Goudse kaas en stroopwafels in het buitenland met gejuich worden ontvangen, kampt het dropje echter met een slecht imago. Buitenlanders kopen hooguit op Schiphol een zakje voor het thuisfront, maar daar blijft het bij. De enige noemenswaardige export gaat naar zogenaamde 'heimweelanden' als Australië en Canada, waar veel Nederlanders wonen die graag iets uit het thuisland willen snoepen.

Droste

Droste
Reclameaffiche Droste, 1958, collectie Gemeentearchief Rotterdam

In een betoverend, slaperig dorpje in het hart van Toscane denkt een echte diva bij het horen van 'Olanda' meteen aan diamanten en... aan Droste.

Het was puur geluk dat we die dag in september in La Villa Miranda belandden. Heel Toscane puilde uit van wijnliefhebbers en elke kamer was drie keer bezet. Toen we de voordeur binnenkwamen leek de tijd stil te staan. Een vertrek verder lag een oude vrouw met haar grijze hoofd op tafel. Ze sliep heel diep, net als de poezen die zich tegen haar hoofd hadden genesteld. Rechts was een keuken te zien waaruit de heerlijke geur van een knappend vuur opsteeg. Een kolossale vrouw in een grote, azuurblauwe, wild gebloemde kaftan en met ravenzwart haar tot op haar middel, kwam wapperend uit het niets tevoorschijn. We kregen een kamer met witgepleisterde muren boven de keuken. Krakende krulbedden en een piepklein raam dat uitkijkt op de groene heuvels van Chianti.

Eenmaal in de eetzaal aangekomen, bleek Miranda wereldberoemd. De wanden hingen vol met artikelen die haar ravioli met ricotta en spinazie roemden. Vanaf dag één waren we familie. Op dag twee draaide ik in de keuken met de oma's en tantes aan de pastamachine en op dag drie mocht ik af en toe ook een klein stukje konijn braden. Op dag vier waren we omgedoopt tot Goia en Giuseppe en zaten we bij haar aan de keukentafel. We genoten van het eten en van de verbijsterde gasten die niet waren opgewassen tegen de chaotische gang van zaken, zoals de tandeloze ober die niet kon schrijven maar deed alsof en verward heen en weer liep met armen vol dampende borden.

Op dag zeven stond Miranda vroeg op om ons uit te zwaaien. 'Oh', verzuchtte ze, kon ze maar mee naar dat mooie Holland waar ze zulke práchtige diamanten had gezien en waar ze de lekkerste chocola van de wereld had geproefd: Droste chocola. We gloeiden van trots op die heerlijke pastilles van Droste. Eenmaal terug hebben we haar een kist vól gestuurd. Het befaamde Haarlemse chocolaatje dat tachtig jaar eerder de wereld al had veroverd, had nu het hart betoverd van deze struise Italiaanse.

Droste
HOLLAND
cacao

Duivekater

De Zaanstreek kent een eigen ouderwets feestbrood, lichtzoet en met een vaag citroenaroma, Amsterdammers en Waterlanders kennen het ook. Wij aten het feestbrood steevast met Pasen. In Hielke van der Meulens *Traditionele streek-producten* uit 1998 lees ik echter dat wij daar helemaal fout mee zaten. Duivekater was bedoeld voor de kerst en de jaarwisseling. Had ik dat maar geweten. Een sneetje duivekater met een forse lik boter (ik bedoel boter, u weet wel, van room, niet van planten) is een waardig alternatief voor een oliebol.

Van der Meulen schrijft dat de versiering van het brood belangrijker is dan de smaak. Duivenkaters worden vaak met fraaie knippen gedecoreerd, bestreken met ei en zo meer. Dat gaf ene J.H. Nannings in de jaren dertig van de vorige eeuw de inspiratie om in zijn *Brood- en Gebakvormen en hunne Beteekenis in de Folklore* het brood te herleiden tot Germaanse offergave. De duivekater zou een substituut zijn voor ritueel geslachte katers en die weer voor vrouwenoffers. Toe maar. Daar zit je dan op kerstochtend met je sneetje.

Over de naamgeving wordt getwist. Komt duivekater van 'deux fois quatre', een naam uit de Franse tijd voor een groot brood van tweemaal het gewicht van eentje van vier duiten? Of zit de Zaankanter Klaas Woudt meer in de richting met zijn bij Nannings aansluitende theorie dat in de Middeleeuwen de priesters het eten van de verderfelijke offerbroden bestreden en de bakkers van 'des duivels kater' door de wereldlijke macht in de kerkers lieten werpen? Ik ben bang dat ook Woudt zich heeft laten meeslepen door de fantasie. Probeer maar eens kerkers te graven in het zompige Zaanse veen. Misschien is de derde mogelijkheid de beste: in Leiden bakte een bakker met de naam Deuvekater in de vijftiende eeuw zoete broodjes. Alleen, hoe kwam die man dan weer aan zijn naam?

Blijft: het zoetige brood. Albert Heijn verkoopt het, de Zaanse bakkers verkopen het. En wij eten het. Met kerst of met Pasen, dat maakt niet uit.

Duivekater
De duivenkaters gaan op de vooravond van Sint Nicolaas de oven in, foto Raucamp/ANEFO, 1945, collectie Nationaal Archief Den Haag

Dumke

Dumke
Friese dumkes,
foto David van Dijk, 2004

Friezen dy't dúmkes ite, kinne jo wol op ien hân telle. Meastentiids binne dat ek ymport-Friezen. Stânfriezen binne stoer; dy ite gjin koekjes, dy ite brea mei spek. Friezen keatse of sykje ljipaaien en springe dêrfoar oer brede sleatten, mar se ite gjin dúmkes. Dúmkes binne der foar de bûtenlanners, Amerikanen, Dútsers en Hollanners. Dat binne de minsken dy't dúmkes keapje om mei nei hûs ta te nimmen om de thúsbliuwers sjen litte te kinnen dat se wier yn Fryslân omtoarke hawwe. Krekt as it Fryske Paspoart - dat ek allinne mar net-Friezen yn har besit hawwe, Friezen hawwe no ienris gjin paspoart nedich, dat binne frije minsken - keapet men ek de dúmkes by de Fryske VVV. It kin wêze dat der earne in wettersportdoarpke is dêr't de pleatslike bôlebakker sa'n pûdsje dúmkes efter it rút lizzen hat, mar dat sille der net in protte wêze. Wêrom soene se. As dat boatsjefolk fuort is leit de dúmkehannel stil. Friezen ite ommers gjin dúmkes.

Edammer

Hollanders zijn kaaskoppen. Niet dat we vaak stilstaan bij die naam, het klopt immers: wij maken en eten veel kaas. Maar Fransen eten het nog veel meer en toch komt niemand op het idee ze 'têtes de fromage' te noemen. Onze bijnaam heeft een andere achtergrond dan kaas eten alleen. Een mooiere.

Het edammer kaasje zal iedereen bekend zijn. Het is (bijna) kogelrond, geel en zwaar, hoe komt dat ding aan zijn vermakelijke vorm? Door de verse wrongel in doeken te wikkelen en in een vorm te doen, een kuipje van houten spantjes. Zo ging het vroeger in elk geval, tegenwoordig zal het wel kunststof zijn. Dat kuipje heette 'kaaskop' en behalve dat het vorm aan een kaas gaf, had het nog een functie. Als je het omgekeerd op je kop zette, was het een soort helm. Een pluk stro erin om de klappen op te vangen en klaar. Dat is precies wat de Noord-Hollanders deden in tijden van opstand en rumoer en daarmee werden het kaaskoppen. Zonder edammer kaasjes waren wij deze fraaie naam misgelopen!

Nu moeten we nog zorgen dat we weer de kaassmaak terugkrijgen uit de tijd van die kaaskoppen, want met de edammers van nu is het droevig gesteld. Zoveel boeren als er zijn die hun eigen melk op de boerderij opgepasteuriseerd verwerken tot Goudse kazen, zo weinig zijn er die edammers maken. Om precies te zijn is het er maar één! Boer Koopman in De Weere, of beter gezegd, hij en zijn vrouw Lia, produceren rauwmelkse edammer. Voor de Fransen, die het speciaal bij hen bestellen. 'Want ik ga geen kaas maken en wachten tot iemand het wil afnemen', zegt boer Koopman. Dus de Hollanders eten de fabriekstreurnis en het lekkerste spul gaat de grens over. Ik schud mijn kaaskop.

Edammer
Meisje tussen de Edammer kazen op de kaasmarkt in Alkmaar, foto Nationaal Foto Persbureau, 1955, collectie Nationaal Archief Den Haag

Eekhoorntjesbrood

Dit is een paddestoelensoort. Een smakelijke paddestoelensoort. Eentje die door velen zelfs als allersmakelijkste wordt bestempeld. Dat mag zo zijn, toch verzamelen Nederlanders bij mijn weten op een uitzondering na geen zwammetjes in veld en berm. Dat is slecht, zeggen ze, of verboden. De *Boletus edulis* in onze koekenpannen komt dan ook uit het buitenland. Uit Oost-Europa bijvoorbeeld, of de Balkan. Ze groeien hier wel, volop zelfs, maar wij blijven eraf. Dommeriken wauwelen dat het plukken de zwammenstand zou schaden. Nonsens. Dan zouden er in Oost-Europa en de Balkan minder moeten groeien dan hier, want daar plukt men zich suf. En wat dacht je van Frankrijk en Italië, wie daar cèpes en funghi porcini tegenkomt neemt ze mee. Daar is wel verzameltraditie. Kennis ook, die wij hier ontberen. Toen ik ooit uit de Vogezen zelfverzamelde cèpjes meenam en ze te warm liet staan, zag ik hoe ze opgegeten werden door de reeds aanwezige vliegenmaden. Wat een onaangename aanblik in mijn keuken.

Eekhoorntjesbrood. Het is een grappige naam, die echter suggereert dat de paddestoelen niet geschikt zijn voor menselijke consumptie. Volgens mij eten eekhoorntjes ze niet. Die willen nootjes. Maar het kan nog erger, Engelsen hebben er niet eens een naam voor, die moeten het doen met 'cèpe mushrooms'.

Eekhoorntjesbrood komt al na een forse zomerse bui op, in juni, juli. In augustus en september zijn er misschien nog meer. Lekker gaan plukken dus, met een goed gidsje in de hand. Er zijn gelukkig geen paddestoelen die doen alsof ze eekhoorntjesbrood zijn en je dan stiekem vergiftigen. Alleen die maden, die moet je vermijden. Jong plukken dus, deze zwammetjes, als er nog weinig geel spons onder de hoeden zit, want dan zitten ze er nog niet in. En gelijk dezelfde dag klaarmaken en opeten.

Eekhoorntjesbrood
Eekhoorntjesbrood zoals afgebeeld in J.B. Bernink's *Eerst weten, dan eten*, 1920

Boletus edulis
Eekhoorntjesbrood

Ei

Toen de 'grand lady' Delia Smith in haar boek *How to Cook* uit 1998 een hele verhandeling scheef over hoe een ei te koken, viel de internationale culinaire pers over haar heen: hoe kon een gerenommeerde receptenschrijfster als Delia het in haar hoofd halen om mensen te leren een ei te koken?

Delia had gelijk. Met de bekende uitspraak 'ik kan nog geen ei koken' wordt niet alleen bedoeld: 'koken kan ik helemaal niet', maar meestal ook: 'ik weiger het te leren'. Als de hobbel van een ei koken echter eenmaal genomen is, wordt de angst voor kokende pannen op het vuur meteen minder. Het koken van eieren zou om die reden op ieder basisschool aan alle kinderen geleerd moeten worden. Want 'een ei hoort erbij'.

De kippen in Nederland produceren jaarlijks maar liefst ruim 9 miljard eieren. Ruim driekwart daarvan is bestemd voor de export, dan blijft er dus nog ruim 2 miljard over voor onze eigen consumptie. Als je 2 miljard eieren achter elkaar zou leggen heb je 140.000 kilometer ei, en dat ieder jaar weer.

Echte verse eieren zijn bijna net zo moeilijk te vinden als een verse kip. Ik denk dat ze bij de eerder genoemde 2 miljard niet eens meegeteld worden. De productie van de eieren in de pluimveeboerderijen gaat alle proporties te buiten. Het heeft niks meer te maken met een loslopend kippetje op een erf van een boerderij. Het idiote is dat het ei uit de legbatterij doorgaat voor een 'gewoon' ei, een echt gewoon ei wordt verkocht als biologisch ei.

Er is een makkelijke manier om te testen of een ei vers is, ervan uitgaande dat een ei bij toeval ergens op het erf gevonden wordt, want een ei uit de legbatterij wordt computergestuurd geregistreerd en op die manier op versheid gecontroleerd. Een vers ei zakt in een glas water naar de bodem en blijft daar horizontaal liggen. Een oud ei blijft recht overeind staan.

Er gaat niets boven een vers, zachtgekookt eitje. Koop ze los bij de boer of bij de kinderboerderijen in de stad die meestal wel een aantal eitjes voor de verkoop hebben liggen. Daar steun je de boerderij ook meteen mee.

Ei
Bewoners van Wijchen kunnen tot 's avonds laat hun scharreleieren 'uit de muur trekken' bij de eierautomatiek.
Foto's Valentijn Brandt, 2004

EIER AUTOMATIEK
DAGELIJKS
GEOPEND
VAN 08·00
TOT 22·00

Pluimveebedrijf Alverna
Voor uw dagverse scharreleieren
Gew.klasse M (18 stuks)
Pluimveebedrijf Alverna
Voor uw dagverse scharreleieren
Gew.klasse L (18 stuks)
Pluimveebedrijf Alverna
Voor uw dagverse scharreleieren
Gew.klasse L (10 stuks)
INWORP
€ 2.00
INWORP
€ 2.20
INWORP
€ 1.20

Eierkoek

Mijn moeder hield niet van eierkoeken; grote, zachte, witte, zoete koeken, niet volkoren en daarom afgeschreven. Koek en gebak moest wat haar betreft op z'n minst gevuld zijn met rozijnen, noten en allerlei granen en zaden. Genieten mocht wel, maar alleen gezond. Dan was het goed en per definitie lekker. De weeiige geur van natuurwinkels, de traktaties op zuurdesem-mueslibrokken als lekkernij, slagroom zonder suiker; het nieuwe calvinisme. Geen bastognekoeken, slagroomtaart, bokkepootjes of spritsen. En geen eierkoeken. Zacht en zoet, wit zonder vezels, droge sponsen als ze niet meer vers zijn. Alleen maar lekker, zonder verdere functie, althans in mijn moeders optiek. En dat was niet genoeg.

Maar ze had geen gelijk. Want Brabantse eierkoeken (paasgebak door de eieren) genieten al eeuwen bijzondere belangstelling wegens bijzondere krachten. Bij ziekte moesten de lichaamsafscheidingen in een eierkoek worden verwerkt. De koek werd daarna in het water geworpen of aan een hond te eten gegeven. Zo schudde men de ziekte van de zieke af. De eierkoek, of theekoek, komt niet alleen in Brabant voor. In Oost-Groningen heet eenzelfde koek pleverkoek. In Brabant worden ze besmeerd met boter en suiker, als onderdeel van de Brabantse koffietafel.

Maar de grootste triomf van het veelzijdige karakter van de eierkoek is te vinden op de digitale snelweg. Op www.eierkoek.nl staat een pleidooi voor de eierkoek als ultieme 'light' snack. Deze smakelijke, lichte koek bevat slechts 2,5 procent vet en 88,5 kilocalorieën, en is verantwoord (!) als ontbijt, lunch of tussendoortje. Zelfs tijdens sportprestaties is de eierkoek een must, weinig vet maar snel verteerbare koolhydraten. Een hele rij eierkoekrecepten moet de onbegrensde mogelijkheden van deze koek nog eens benadrukken. Eierkoek gezond belegd met fruit is er een van... Zo zie je maar. De werkelijkheid is altijd een kwestie van perceptie.

Eierkoek
Eierkoeken uit het assortiment van Vast Banket Bedum

Eierkoeken

ierkoeken

ewicht:	300 gram	300 gram
antal per pak:	10	10
antal per doos:	10	12
oosmaat:	400-300-205	430-310-205
antal per pallet:	40	30
allet	euro	euro

euze Eierkoeken

ewicht:	70 gram
antal per krat:	40
antal per pallet:	60
llet:	chep

Informeer bij uw accountmanager voor andere smaken en verpakkingsmogelijkheden.

Ask your account manager about other flavours and packaging options.

Informieren Sie sich bei Ihrem Kundenbetreuer über andere Geschmacksrichtungen und Verpackungsmöglichkeiten.

Contactez votre chargé de compte pour les différentes possibilités de goût et d'emballage

Everzwijn

Everzwijn
Miniatuur ter opening van het hoofdstuk over het zwijn, in *Li livres dou santé*, een handschrift uit het einde van de 13e eeuw

Een stuk wild dat je niet zo heel vaak tegenkomt op de Nederlandse menukaart is everzwijn of wild zwijn. Wellicht omdat het dier in Nederland bijna niet meer te vinden is, alleen nog op de Veluwe. Om toch ook een keer everzwijn te kunnen proeven, nemen we deel aan een diner met 'vergeten wild' op Landgoed Rhederoord in De Steeg, bij Arnhem. Georganiseerd in samenwerking met Slow Food Nederland, een vereniging die zich onder andere bezighoudt met de pure smaak van producten.

Ter gelegenheid van het 'vergeten-wilddiner' zouden allerlei gerechten op tafel komen die waren bereid van in ons nationale natuurpark geschoten wild. Bij aankomst op Rhederoord, dat dateert uit de zeventiende eeuw, weten we al meteen waarvoor we hebben gereserveerd: op de trappen die naar de monumentale entree leiden, liggen ter verwelkoming opengesneden reeën, zwijnen, patrijzen, fazanten en hazen. Zeker de zwijnen imponeren, door hun grootte en hun vervaarlijke koppen. Op zo'n moment realiseer je je ook weer waar vlees vandaan komt, en dat is precies de bedoeling van deze indrukwekkende, maar ook confronterende presentatie. Gelukkig worden we binnen welkom geheten met een jenever van paddestoelen, waarvan we weer enigszins bijkomen.

Eric van Veluwen, de chef-kok op het landgoed, laat ook in de receptuur voor het wilddiner zien dat hij respect voor de natuur en de dieren heeft. Echt alles wordt opgegeten. Een beest wordt niet alleen geslacht voor het filetje. Van de 'afvalstukken' weet hij een heerlijke bloedworst te maken, en balkebrij. Ook de zwijnenlever is het vermelden waard. Rosé gebakken en zo op je bord. Als je beseft een dier te eten dat vrij in de natuur heeft rondgelopen en gezond heeft gegeten, smaakt het des te lekkerder.

Het spannendst blijft toch dat ene verboden gerecht op het menu. Hersenen van het zwijn. Officieel mogen die niet meer gegeten worden in verband met het risico op allerlei ziektes. Maar het staat dus op het menu, dus moeten we Eric van Veluwen maar op zijn mooie bruine ogen geloven dat het verantwoord is. Zwijnenhersenen worden op dezelfde manier bereid als bijvoorbeeld zwezerik. Even licht paneren met bloem en dan zachtjes in de pan bakken. Heerlijk, maar *don't try this at home*.

Fazant

Weet u wat 'faisandé' betekent? Ja, het is afgeleid van fazant. Een mooi beest, althans, het mannetje. Hennen zijn daarentegen weer malser. Fazanten zijn oorspronkelijk exoten van ver buiten onze grenzen. De Romeinen fokten ze al en zetten ze uit, een praktijk die in de late Middeleeuwen ook bij ons gangbaar werd. Dat uitzetten is nog niet eens zo heel lang geleden gestopt en heeft geresulteerd in een amalgaam van verschillende ondersoorten, afkomstig van de Kaukasus tot Japan. Aan die malse hennen zie je niks, die zijn schutkleurig bruin, maar aan de hanen kun je je visuele hart ophalen. Er zijn er met een zwarte hals, naast ringfazanten met een witte halsring, izabelkleurige witvleugel-fazanten naast zeer donkere tenebrosusfazanten; exemplaren met een gouden buik uit de Kaukasus naast olijfgroene uit China; grote en www.wbesuste-rengraetheide.com/ Images/fazanthen.jpg \t "hoofd" interharde dieren uit Mongolië naast bronskleurige en blauwe uit Japan, zo leer ik van een jagerswebsite.

Fazant ligt bij luxe poeliers en het staat op het menu van luxerestaurants. Fazant is lekker met zuurkool, mooi gebardeerd (ingepakt in spek), gebraden in de oven. Tegen kerst ligt het tegenwoordig zelfs in de supermarkt, in filets uiteraard, want lezers van *Allerhande* zouden niet weten wat ze met een hele dode vogel aan moeten. Die filets zijn niet afkomstig van wilde fazanten. Deze slachtoffers hebben nooit hun vleugels mogen uitslaan in een bos of op een akker, zelfs niet voor een paar weken. Dat geldt trouwens voor meer 'wild' in de schappen, waaronder hert, everzwijn en eend natuurlijk. Supermarktfazant is nepwild. Wèl mals, iets dat je maar moet afwachten als je er eentje van een jager krijgt. Oude kookboeken waarschuwen voor de droogheid van het vlees. J.A. Weerheijm (oud-chef-kok) schrijft in *De kunst van het koken* uit 1954: 'Het vlees van fazant is vrij droog en men laat daarom de fazant adellijk worden.' Een mooi woord, adellijk: 'faisandé' in het Frans. 'Goed rijp', betekent het, een beetje stinkerig zelfs. Dan zijn veel dingen op z'n lekkerst.

Fazant
Foto Philip Mechanicus, 1996

Garnaal

Garnaal
Stills uit de tv-commercial *De Garnalenpelsters*, door Van Walbeek Etcetera in opdracht van de Gouden Gids, uitgezonden 2001/2002

Onder het motto 'De Hollandse garnaal, het lekkerst van allemaal' startte het Nederlands Visbureau een campagne. Kenners wisten het echter allang: de Noordzeegarnaal of grijze garnaal is intens en verfijnd van smaak. Klein maar fijn zou je kunnen zeggen. Hij wordt vooral aangetroffen op zand en slikbodems, in ondiepe kustwateren. Voor Nederland zijn de Waddenzee en de Zeeuwse kustwateren de belangrijkste vangstgebieden. Direct na vangst worden de garnalen gewassen, gekookt en gekoeld. So far so good.

Maar dan zijn we er nog niet. Het merendeel van de garnalen moet worden gepeld voor ze naar de consument kan. Alleen Wallonië en Frankrijk verkiezen de ongepelde garnaal omdat die meestal op een plateau fruits de mer wordt geserveerd. Maar voor de garnalenkroket, de garnalencocktail of de tomate crevette gebruikt men gepelde garnalen. Tot enkele jaren geleden gebeurde het pellen nog in Nederland zelf, vaak door de echtgenotes van de vissers. Om hygiënische redenen werd het thuis pellen echter verboden. Dus lieten de grote garnaalverwerkende bedrijven het arbeidsintensieve werk doen in Oost-Europa en tegenwoordig vooral in Noord-Afrika. De gepelde garnalen zijn dus tegen de tijd dat je ze koopt al minimaal acht dagen de zee uit en hebben er een reisje van zo'n 5000 kilometer op zitten.

Volgens de pelbedrijven zijn 'Marokkaanse vrouwen vingervlug en erg gedisciplineerd', bovendien zouden ze 'geen grijze garnalen lusten' en er dus niet van 'snoepen tijdens het werk'. Niet verwonderlijk overigens als we weten dat de vrouwen naar prestatie worden betaald. De vis wordt duur betaald, want de belangrijkste en wellicht enige rede van de verplaatsing is natuurlijk dat in de betreffende landen de loonkosten zeer laag zijn.

Wat meestal niet vermeld wordt is dat gepelde garnalen bestrooid zijn met wat conserveringsmiddelen, die ze een vaag zure toon kunnen geven. Ongepelde garnalen zijn verser, zoeter en lekkerder, beter is het dus om zelf te pellen. Bovendien zijn de schilletjes en koppen goed te gebruiken als smaakmakers voor soep en saus.

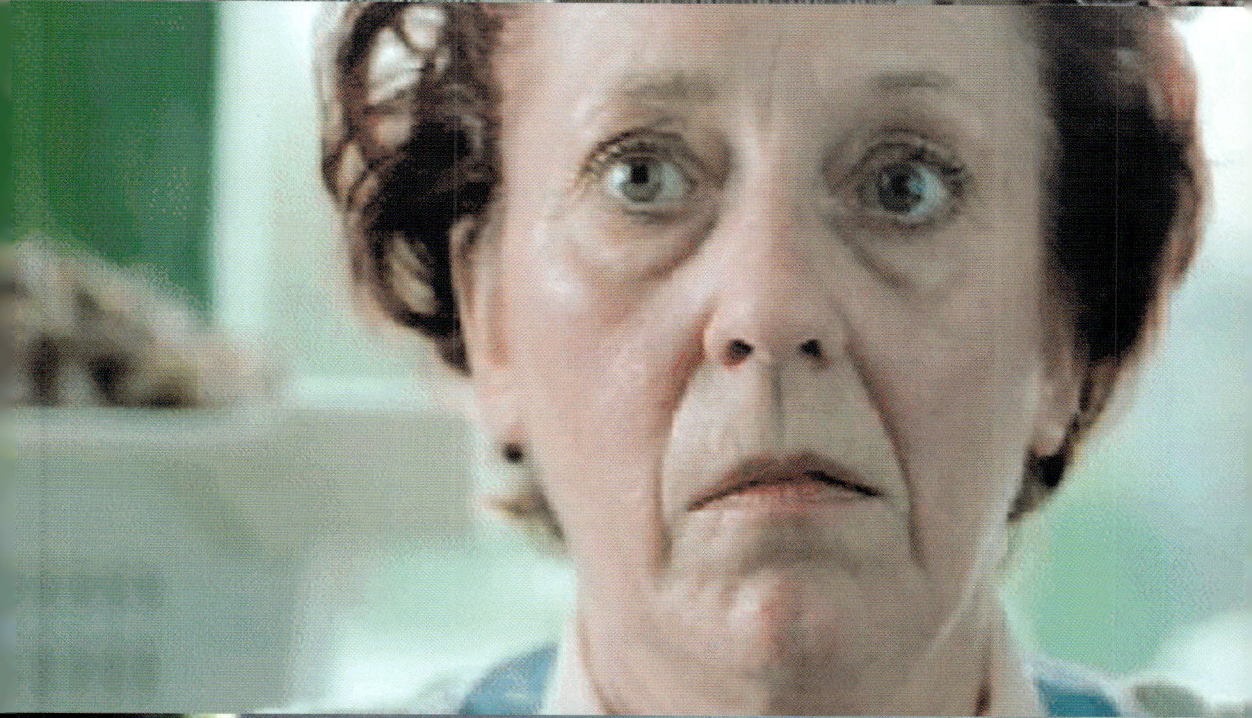

Gehaktbal

Ballenplagiaat

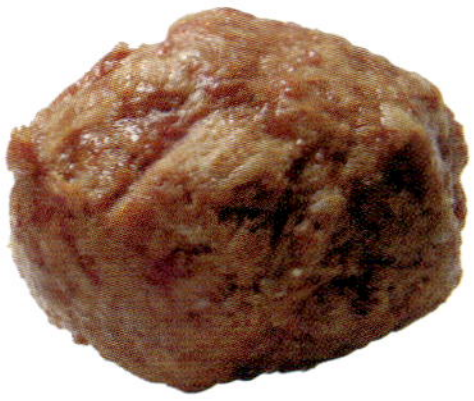

In Nederland gaat men aan de haal met de gehaktbal. Het is ernstig en we moeten er iets aan doen met z'n allen. Wat is er aan de hand? Plagiaat en misbruik van goede naam. Het bewijs ligt in de vriezer van de supermarkt, achter een ruitje bij de snackbar en tegenwoordig ook al steevast in de vitrine van de slager of groenteboer. Gebraden, naast de kant en klare andijviestamppot en rauwkost. Kogelrond, ongezond bruin van kleur en omgeven door een vreemd glanzende, geleiachtige jus. Wat doet die bal daar? En vooral: wat heeft die bal met gehakt te maken? Niets. Zo'n bal bestaat vooral uit meel, zout, vet en frikadellensmaak. Nep en narigheid dus. Een plaats naast de gekookte piepers en sperziebonen verdient 'ie niet.

De beste gehaktbal maak je zelf. Met inzet van blote handen en een braadpan en naar eigen recept. Je zou een dik kookboek kunnen samenstellen van alle gehaktbalrecepten in Nederland. Iedereen heeft een eigen visie op de ideale gehaktbal. Moet het puur rundergehakt zijn of half-om-half? Willen we een zachte en smeuïge, of juist lekker stevige en rulle gehaktbal? Mogen we paneermeel gebruiken of uitsluitend verkruimeld wittebrood van de vorige dag? En is het gebruik van een zakje kant-en-klare gehaktkruiden nou wel of niet toegestaan?

Vroeger was woensdag de dag dat er steevast gehakt op tafel kwam. Dan was het vlees een paar dubbeltjes goedkoper dan normaal. Het gehakt ging met kilo's tegelijk over toonbank. Tegenwoordig trekken supermarkt of slager zich nauwelijks meer wat aan van het fenomeen gehaktdag. Maar de benaming is een gevleugelde uitspraak geworden die zelfs is doordrongen tot de regering. Men duidt er de derde woensdag van mei mee aan, de dag dat de Tweede Kamer gehakt maakt van het financiële beleid van de regering. Iets heel anders en lang niet zo lekker…

Gehaktbal
Kaft van het gehaktboekje dat door Albert Heijn in 1975 is uitgegeven

50 culinaire avonturen

gehakt

Geitenkaas

Armeluiskoekaas

De geit is een prettig dier. Hij doet het goed alleen, maar ook in groepsverband. En daarbij is een geit mensvriendelijk. Daarom staat het er ook vol mee op de kinderboerderij. Kinderen zijn dol op ze, de geit houdt wel van een beetje aandacht. Een sociaal beest dus.

Interessanter is natuurlijk wat de geit in culinair opzicht levert. Vroeger kampte de geit met een slecht imago. Het beest werd afgedaan als 'armeluiskoe' en telde decennialang niet mee in de culinaire wereld. Inmiddels heeft de geit een comeback gemaakt die zijn weerga niet kent. Net als de koe is de geit immers een bijzonder zuivelfabriekje dat melk maakt van een buitengewoon smakelijke kwaliteit. Geitenmelk is zuiver en gezond. Mensen met een allergie voor koemelk blijken geitenmelk uitstekend te verdragen. Er worden zelfs medicinale krachten toegeschreven aan geitenmelk.

Misschien heeft het te maken met wat het beest eet. Geiten zijn zeer selectief in wat ze wel en niet eten. Voor afval of viezigheid trekt de geit zijn neus op. Alleen sappige kruiden, plantjes en malse bosjes gras zijn goed genoeg, wat maakt dat het eindresultaat veel voedingsstoffen bevat. Daarmee is geitenmelk uitstekend geschikt voor het maken van kaas.

In Nederland kennen we vooral de harde Hollandse geitenkaas en de frisse, zacht-zure Bettinne Blanc. Kleine kaasmakers brengen vele variaties op de markt: verpakt in bladeren, bespikkeld met kruiden of op smaak gebracht met drank, truffel of honing. Op de boerenmarkt of in goede kaaswinkels gaan deze zachte geitenkaasjes als warme broodjes over de toonbank. In chique restaurants worden ze trots, vaak met vermelding van de kaasmaker, op de kaart gezet. De Hollandse geitenkaas heeft zich ontwikkeld tot een ware delicatesse. Met dank aan de armeluiskoe.

Geitenkaas
500 geiten in de wei op een ecologische boerderij in Rhenoy, foto William Hoogteyling/ Hollandse Hoogte, 2002

Grottenham

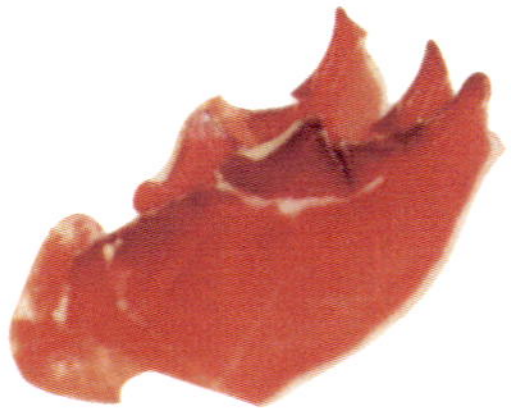

We weten nauwelijks dat we in ons land een grot hebben, laat staan dat we er hammen in aan kunnen treffen die met hun uitzonderlijke smaak tegenwoordig tot culinair erfgoed gerekend kunnen worden. Voor deze hammen uit Berg en Terblijt in Zuid-Limburg worden eerst in het slachthuis de benodigde IKB-hammen uitgezocht. IKB staat voor Integrale Keten Beheersing en is het kwaliteitssysteem van de Nederlandse vleessector. Nadat de zorgvuldig geselecteerde hammen zijn uitgezocht worden ze grondig gecontroleerd. De volgende stap is het gedeeltelijk ontbenen en in model snijden van de hammen. Vervolgens worden ze met zeezout ingewreven en laat men ze anderhalve maand zouten. Daarna wordt het overtollige zout er afgespoeld en worden de hammen te drogen gehangen. Om te voorkomen dat de buitenkant te hard wordt, worden ze met reuzel ingesmeerd. Na een rijpingstijd van negen maanden gaan de hammen naar de Geulhemergrot waar ze in een aparte, afgesloten ruimte de tijd krijgen om de kenmerkende smaak van de in de vochtige ruimte aanwezige rijpingsschimmels te krijgen. Hierna wordt de reuzel van de hammen afgewassen en worden beenderen en zwoerd verwijderd, waarna ze nog enkele dagen worden gedroogd. De hammen, waarvan nog maar 50 procent van hun oorspronkelijke gewicht over is, zijn nu klaar voor consumptie. Ze wegen dan tussen de 4 en de 5 kilo.

Niet verwonderlijk is dat de grottenham is toegelaten tot Het Worstmakers Gilde. Het Worstmakers Gilde is een organisatie voor zelfstandige slagersondernemers die zelf worst en vleeswaren maken. De stichting heeft twee belangrijke doelstellingen. Het verbeteren van de kwaliteit van producten enerzijds en het stimuleren van verkoopactiviteiten anderzijds. De slagers/worstmakers van het gilde laten hun producten regelmatig keuren. Op onverwachte tijdstippen worden de deelnemers opgeroepen om worst en vleeswaar ter keuring aan te bieden. Onafhankelijke keurmeesters laten hun deskundigheid los op de aangeboden producten. Deze worden heel nauwkeurig geproefd en zorgvuldig bekeken. De producten worden als het ware binnenstebuiten gekeerd. Na de keuring wordt door de jury een beoordelingsrapport opgesteld. Het Worstmakers Gilde is een belangrijke factor bij het in stand houden van de ambachtelijke slagerij.

Grottenham
Een trotse slager voor zijn grottenham, foto Richard Franssen, 2004

Haags hopje

Haags hopje
Affiche voor Romokka Hopjes, ca. 1900, collectie Gemeente-archief Rotterdam

'Een Haagse sensatie op één vierkante centimeter.' Het lijkt overtrokken voor een simpel koffiesnoepje, maar het Haagse hopje is wereldvermaard. Baron Hop is de enige echte geestelijke vader. Dankzij historicus Van der Krogt - ook initiatiefnemer van het Haagsche Hopjes-Museum - kennen we het verhaal van Hop en hopje. Enigszins verbitterd sleet Hendrik Hop zijn laatste jaren in 's-Gravenhage na een internationale loopbaan als gezant in dienst van de Staten-Generaal. De roerige tijden van conflicten tussen Europese mogendheden, het verval van de macht van de aristocratie en de opkomst van de burgerij hadden zijn leven ingrijpend veranderd. Homoseksualiteit maakte hem ook nog eens tot een buitenbeentje in zijn vooraanstaande familie.
Hop zocht troost bij de koffie. In zijn tijd was koffie een omstreden genotsmiddel, met oosterse mystiek omgeven en heilzaam geacht tegen vele kwalen, voor de welgestelden.
De baron vroeg in 1792 suikerbakker Van Haaren 'brokken' met koffiesmaak te maken.

De vrucht van Hop's koffieverslaving groeide uit tot een populair snoepje. Van Haaren en zijn compagnon Nieuwerkerk verbeterden het recept en verwierven er internationale faam mee. Ze kregen navolging en in de negentiende eeuw ontstond een hopjesrage. Vele fabrikanten stortten zich op het maken van hopjes. Dat escaleerde tot een ware hopjesoorlog. Geen methode werd geschuwd: het wegkopen van personeel, plagiaat, kwaadsprekerij en processen. Meer dan honderd jaar is strijd gevoerd tussen de firma's Nieuwerkerk en Rademaker over de aanduiding 'eenige echte'. Pas in 1989 kwam er een einde aan de kwestie.

De geschiedenis van het Haagse hopje is het verhaal van oude snoepjes en dingen die voorbij gaan. Het gaat over de opkomst en ondergang van gerenommeerde huizen, over de handel in merken en de schaalvergroting in de zoetwarenindustrie, over namen als Krul, Kwatta en Tjoklat die zijn verdwenen of waarvan nog slechts een schim rest van wat ze ooit waren.

Nederland telde eens meer dan tachtig hopjesmerken.
Er zijn nog maar twee fabrieken over. En het 'eenige echte' Haagse hopje wordt nu gemaakt in Sneek.

ROMOKKA
HOPJES
ROMOKKA
HET IDEAAL DER
HOPJES

Haas

Is haas een 'Hollands ingrediënt'? De meeste Hollanders lusten het niet. Te sterk van smaak. Het donkerrode vlees is inderdaad nogal heftig, maar daar laat je je toch niet door tegenhouden? Bij Jonnie Boer, onze eigen driesterrenkok, at ik een 'volle haas', een term op het menu die door tafelgenoten met verbazing werd bekeken. Kon haas ook leeg zijn? Nee, Boer laat graag zien dat hij uit de Overijsselse klei getrokken is en hanteert daarom jagerstermen op de kaart.

Een volle haas is een volwassen exemplaar, een moer of rammelaar van een maand of vier, vijf. Zo'n beest weegt een kilo of drie en smaakt alweer heel anders dan een kwart haas, of een halve, die je normaliter tegenkomt in het winkelschap. Na een maand of acht bereikt een haas zijn maximale gewicht van circa vijf kilo. Voor dat soort knapen hebben we in Nederland geen serieuze receptuur, of het moet de klassieke hazenpeper zijn. Nee, met zo'n beest maak je lièvre à la royale, een oorspronkelijk uit de Périgord afkomstige, uiterst omslachtige en langdurige bereiding waarbij rode wijn, hazenbloed en bovenal onwaarschijnlijke hoeveelheden knoflook gebruikt worden. Het proces is een ritueel, een culinaire hoogmis, een aanbidding van de zinnen. Men steekt kaarsen op voor Sint Hedonia, trekt kurken uit heilige flessen wijn en dekt de tafel met gesteven witte tafellakens. Haas à la royale eten is een viering van de eenheid met de natuur.

Weet ook dat haas een van de zeldzame eetbare diersoorten in onze dreven is die zich niet laat fokken. Anders dan zijn domme neefje, het konijn, verdomt de haas het om zich in een hok vol te vreten met aangereikt groen. Haas moet je vangen, schieten, haas moet uit de natuur gerukt worden om ons te laten weten dat wij daar ook nog steeds deel van uitmaken.

Haas
Hazen voor de Kerstdis,
foto Robin Utrecht/ANP, 2003

Hagelslag

Bij echte chocoladespeciaalzaken is hagelslag te koop die de ware adepten moeten hebben; die bevat maar liefst 37,5 procent cacaoboter en is een eventuele omweg meer dan waard.

Iedere dag worden er in Nederland meer dan een miljoen boterhammen met chocoladehagelslag gegeten. In een pak hagelslag zitten ongeveer 40.000 korreltjes. Die pakken zijn bijna alleen maar in Nederland verkrijgbaar, want verder is het in geen land ter wereld de gewoonte om korrels met chocolade op brood te eten.

Chocoladehagelslag wordt gemaakt uit dezelfde grondstoffen als chocolade, qua smaak lijkt het dan ook sterk op chocoladeproducten. Het belangrijkste verschil zit in het gehalte aan cacaoboter: chocolade bevat meer dan 30 procent cacaoboter, chocoladehagelslag ongeveer 14 procent. Omdat de cacaoboter verreweg het duurste bestanddeel is van deze producten, kan chocoladehagelslag veel goedkoper zijn dan chocolade. En omdat er maar zo weinig vet in zit, kan chocoladehagelslag niet smelten!

Hoe wordt hagelslag gemaakt? Uit cacaomassa, fijngemalen suiker en cacaoboter. Voor het maken van melkhagel wordt er ook nog melkpoeder aan toegevoegd. Door de suiker wordt de hagel pas echt lekker. Alle grondstoffen worden heel goed gemengd zodat er geen korreltjes meer te zien zijn. Het hieruit ontstane deeg gaat in een soort vermicellimachine. In deze machine zitten stalen platen met een heleboel kleine gaatjes. Het chocoladedeeg wordt met kracht door die gaatjes geperst, waar lange chocoladesliertjes uit komen. Door het persen wordt de chocolade heel warm. Daarom gaan de sliertjes via een lopende band een grote koeling in, waar ze afkoelen en in kleine stukjes breken. Je hebt nu chocoladekorrels, maar dit is nog niet de hagel uit het pak. Om de hagel er nog lekkerder uit te laten zien gaat hij naar de glansafdeling. In grote, koperen pannen die ronddraaien wordt suikerwater op de hagel gesproeid. Door de warmte verdampt het water in de lucht en blijft de suiker achter op de hagel. Het ronddraaien zorgt ervoor dat ieder hageltje een glanzend suikerjasje krijgt. Ten slotte wordt de hagel voor de laatste keer gezeefd. Alle hagel die te groot of te klein is, wordt eruit gehaald. De chocoladehagel is nu klaar om verpakt te worden.

Hagelslag
Irene gaat gekleed in puur hagelslag, foto Maurice Boyer in opdracht van *NRC Handelsblad*, 2003

Haring

Haring
Hollandse Nieuwe, 1982, René Daniëls, particuliere collectie

Scheveningen, begin juni; de fanfare speelt, vlaggetjes wapperen vrolijk in de wind. De eerste haring van het seizoen komt aan land. Een kostbare vracht. Het eerste vaatje, vroeger bestemd voor de koningin, wordt geveild op de visafslag. In 2003 brengt het 38.000 euro op.

Nederland is haringland. Oudere landgenoten gaan er prat op hun respectabele leeftijd te hebben bereikt door elke dag een 'harinkie' te eten. Toeristen beschouwen onze Hollandse haring als een zilte delicatesse. De *Clupea harengus*, afkomstig uit de familie der Clupeidae, is een populair visje. Maar weten wij precies wie we aan z'n staartje naar binnen laten glijden?

Een klein haringglossarium: Hollandse nieuwe of groene haring wordt gedurende ruim twee maanden per jaar, van half mei tot begin augustus gevangen. De haringen worden direct aan boord gekaakt. Dat wil zeggen van het grootste deel van hun ingewanden ontdaan en licht gezouten. In de alvleesklier van de vis, die niet verwijderd wordt, bevinden zich enzymen die de haring laten fermenteren of 'rijpen'. Het zout zorgt ervoor dat de haring leegbloedt en verlengt de houdbaarheid. Toch worden alle haringen ingevroren voordat ze worden verkocht. Dit gebeurt om de zogenaamde haringworm onschadelijk te maken. Ook een verse Hollandse nieuwe is dus een ontdooide vis. Maatjesharing is hetzelfde als een Hollandse nieuwe of groene haring. Eén keer per jaar zwemmen haringen naar hun paaigebied, waar zij kuit of hom schieten. In de periode voordat zij dat doen eten ze zich lekker vol met plankton. De haringen zijn dan nog 'maagdelijk' en bevatten veel extra vet. Vandaar de naam maatjes.

Gedurende de rest van het jaar wordt er ook op haring gevist. Deze minder vette haring wordt bewerkt en vindt vervolgens ook zijn weg naar de viswinkel. Zure haring is een in azijn ingelegde haring. Bij het inleggen worden ook zout, specerijen en uien gebruikt. Een opgerolde halve haring heet een rolmops. Panharing of braadharing is een gebakken haring die vervolgens in azijn is ingelegd. Bokking is een gerookte haring. Haring roken gebeurt ofwel bij 27 graden ofwel bij 74 graden. Een koudgerookte haring heet ook wel een spekbokking. Een warmgerookte haring heet strobokking of stoombokking.

Hert

Hert
Hert van Siert Dallinga boven de deur van het kantoor van Joyce Huisman, foto David van Dijk, 2004

Wie ooit de film *Bambi* heeft gezien, is voor het leven getekend. Een dood hert is wel het zieligst dat bestaat. Want je weet het maar nooit, misschien is het wel de moeder van Bambi die daardoor zielig en alleen achterblijft.

Wij Nederlanders zijn weekhartig, je zou ons bijna laf kunnen noemen. Het schaarse wild dat wij in het bos en op de hei nog aantreffen, moet beschermd worden. Jagen is verboden, behalve als iemand bedenkt dat de wildstand uit de hand loopt, dan mogen daartoe speciaal opgeleide jagers met hun geweer eropuit trekken om een gelimiteerd aantal neer te schieten. In tegenstelling tot wat velen van ons denken, geldt dit in de ons omringende landen ook. Er is echter een groot verschil. Zodra het wildseizoen daar aanbreekt worden de jagers wild. Ze mogen weer; met hun jagersuitrusting in de 4x4 gaan ze op jacht naar het ultieme schot. Er is echter streng vastgelegd wat ze per jaar mogen schieten. Natuurlijk is dat meer dan bij ons maar dat heeft vooral te maken met de veel grotere hoeveelheid vrije natuur die ze daar hebben, waardoor er ook veel meer wild leeft. Jagers uit onze buurlanden zijn niet bang om te schieten, ze genieten ervan. Zij maken zich geen zorgen om Bambi; in wezen zijn wij gedegenereerd, jagen hoort bij de oerinstincten.

De andere kant is dat er in Nederland wel graag wild gegeten wordt. Wild is natuurlijk op en top een scharrelproduct. Zo zoekt een hert zijn eigen voedsel, neemt tot zich wat smakelijk is en laat staan wat het niet vertrouwt. Het vlees is daardoor kruidig van smaak en over het algemeen vetarm. Een hert schieten is de eerste stap, daarna moet het beest echter op de juiste manier verwerkt worden om het voor optimale consumptie geschikt te maken. Daar is kennis van zaken voor nodig. Het op de juiste manier laten besterven, villen en verdelen van het vlees is in Nederland een vak geworden. Dat kunnen we niet zomaar, onze voorouders hebben deze kennis niet aan ons doorgegeven.

Een moderne manier van jagen is de auto. Rijd je in de schemer of in de donkere nacht per ongeluk een hert dood, laat het dan niet liggen. Deponeer het dier voorzichtig achter in de auto, een volwassen bok weegt ongeveer dertig kilo, en ga op zoek naar een betrouwbare slachter. Denk hierbij vooral aan de islamitische slagerij bij u in de buurt.

Honing

Zeg 'honing' en dit leidt tot goddelijke gedachten. Zo werd het Beloofde Land in het Oude Testament voorgesteld als 'het land van melk en honing', een beeld dat als zodanig ook in Hooglied voorkomt, waarin de bruidegom zingt: 'Van honingzeem druppelen uw lippen, bruid, honing en melk is onder uw tong ...'

Altijd al is honing gezien als symbool van heerlijkheid en perfectie, als 'een geschenk van de goden' en van een zo unieke samenstelling dat geen ander product eraan zou kunnen tippen. Wijdverbreid was ooit het geloof dat bijen de honing maakten van de dauw die uit de hemel neerdaalde. Een andere theorie was dat we door honing te eten iets van het liefdevolle van de bijen zelf, een volk dat zich opoffert voor het gemeenschappelijke belang, zouden overnemen.

Zo is ook het idee ontstaan dat we door het eten van honing gezond zouden worden. Van de ene positieve gedachte komt nu eenmaal de andere. Honing zou goed zijn voor het bloed, tegen nerveuze spanning en nog veel meer kwaaltjes. Helaas blijken het allemaal onbewezen bakerpraatjes. Alle goddelijke associaties ten spijt, aan honing is niets gezonds en het is ook niet gezonder dan suiker. Chemisch gezien is honing vrijwel onvervalste gewone suiker. Plus nog wat eiwit en vitamines, maar in zulke minieme hoeveelheden dat daar geen enkele bijzondere werking van uitgaat.

Van nature is honing dik en crèmeachtig. Een van de weinige honingsoorten die van nature vloeibaar is, en blijft, is de acaciahoning. Als je een potje honing hebt waar geen 'acacia' op staat waar toch vloeibare honing in zit, dan kun je er bijna zeker van zijn dat deze niet op natuurlijke wijze is verwerkt. Dat er op bijna alle potjes honing 'natuurhoning' staat, zegt alleen iets over het feit dat er geen suiker aan is toegevoegd. Honing van Nederlandse bijen met een eko-keurmerk schijnt overigens helemaal niet voor te komen.

Een goede reden om suiker te vervangen door honing is de smaak. Er zijn heel veel soorten, met smaken variërend van uitgesproken kruidig (tijmhoning) tot bitter (kastanjehoning) en zelfs zilt (lamsoorhoning). De smaak is het meest uitgesproken als de bij de nectar uit voornamelijk één soort bloemen haalt. De nectar wordt ingeslikt, gemengd met speeksel en maagsap en vervolgens weer uitgespuugd. Voor één gram honing moet een bij honderden bloemen bezoeken en voor een kilo honing reizen vele duizenden bijen vele duizenden kilometers, vergelijkbaar met een tocht rondom de aarde. Reden genoeg dus om honing met veel respect te behandelen.

Honing
Imker, foto Gina Kranendonk, 2004

Janhagel

Janhagel is een graag geziene gast. In veel café's en restaurants ligt Jan op het schoteltje bij de koffie en thee. En alle mensen vinden de platte rechthoekige koekjes met witte kandij erop heerlijk. Maar niemand kent Jan echt goed. Terwijl Jan al bestaat sinds de patriottische tijd in de achttiende eeuw. En komt Jan nu uit Utrecht, Amersfoort of is de echte Jan een Bunschoter-Spakenburger? Wil de echte Jan nu opstaan! Duidelijk is wel dat de ene Jan echt de andere niet is.

Jan H. uit het zwarte-kousendorp is een grote zachte boterkoek met kruiden. Iedere bakker heeft natuurlijk zijn eigen recept voor het kruidenmengsel, dat al sinds 1900 in omloop is. En het kan je gebeuren dat je bij de bakker staat en je een zeer bijzondere vraag wordt gesteld: wilt u droge Janhagel of natte Janhagel? En dat in zo'n conservatief dorp. Maar droge Jan H. blijkt doorbakken te zijn en natte Jan H. is een wat kleffere variant. Tja, dan is het ons bekende kleine Janhageltje toch maar een simpel koekje voor bij de koffie. Heel lekker om te soppen, of om de kandij eraf te peuteren.

Misschien moeten we Jan zelf eens maken. Dan leren we 'm pas echt kennen! Nodig: 100 gram basterdsuiker, 150 gram boter, 1 theelepel kaneel, 200 gram bloem, 1 losgeklopt ei, 40 gram amandelen en 40 gram witte kandijsuiker. Bind de kandij in een theedoek en sla hier met een hamer op tot de kandij iets grover is dan suiker. Hak de amandelen fijn. Maak van de suiker, boter, kaneel en bloem een soepel deeg en leg dit op een ingevette bakplaat. Rol het deeg uit tot een dunne rechthoekige lap en bestrijk het met losgeklopt ei. Strooi er vervolgens amandelsnippers en de kandijsuiker over en druk die licht in het deeg. Zet de bakplaat in het midden van een tot 160 graden voorverwarmde oven en bak de koek in ongeveer 25 minuten bruin en gaar. Snijd de koek direct in gelijke, niet te grote rechthoeken. De kennismaking met de echte Janhagel kan nu beginnen! En dan te bedenken dat Janhagel in Amersfoort Grove Dirk heet...

Janhagel
Reclameaffiche Jamin, 1951, collectie Gemeentearchief Rotterdam

Janhagel
125 gram 25c
BITTERKOEKJES 100 gr. 20c
WEESPERMOPPEN 100 gr. 25c
150 gr. 35c

Jenever

De moutwijn die uit graan gedistilleerd werd was populair in het Nederland van de zestiende eeuw. Men bracht het alcoholgehalte in de granen eau de vie op peil en voegde er het parfum van de jeneverbes aan toe. De alcohol werd verkocht onder de naam Genova als remedie tegen lumbago, spierpijn en gewrichtspijn.

Jenever groeit uit tot een drank waar Nederland groot in wordt. Nog steeds is het de populairste borrel en wordt er jaarlijks 25 miljoen liter van geconsumeerd. In de twintiger jaren van de vorige eeuw heeft zelfs de overheid er nog flink de hand in gehad dat men 'aan de drank ging' doordat er een 'suikerbietenberg' was. Melassealcohol (alcohol gestookt van suikerbieten) was daardoor heel goedkoop en door de kolommen distillaat die aan het eind van de industriële revolutie zijn intrede had gedaan, was het productieproces van de jenever zeer vereenvoudigd.

Jenever is vergroeid met onze samenleving; er zijn liedjes op gemaakt; er zijn talloze anekdotes waar jenever de hoofdrol in speelt en veel vrouwen hebben met angst en beven vrijdagavond op de thuiskomst van hun man gewacht. De gewoonte was namelijk om met het loonzakje eerst even langs het café te gaan om een borrel achterover te slaan. Regelmatig kwam het voor dat het loonzakje bij thuiskomst nog maar weinig inhoud had. De bemanning van de VOC-schepen had volgens de arbeidsovereenkomst elke morgen en elke avond recht op een halve oorlam. Naar verluidt als 'geneesmiddel' tegen scheurbuik, maar misschien ligt meer logica verscholen in het verhaal dat dit was ter vermaak of om de bemanning rustig te houden.

Het verschil tussen oude en jonge jenever heeft niets met leeftijd te maken. Het verschil zit 'm in de bereidingswijze en receptuur. Oude jenever is gemaakt volgens de ambachtelijke methode van voor 1900. Jonge jenever is hoofdzakelijk een industrieel product. Als gevolg van de andere bereidingswijze is ook de receptuur verschillend. Volgens oude methode gebruikt men moutwijn (van graan), lageren deed men naar eigen inzicht. Bij de nieuwe methode gebruikt men de goedkopere alcohol van suikerbieten, ofwel melasse. Als er niet duidelijk op de fles staat dat men hier met graanjenever te maken heeft, kun je er bijna zeker van zijn dat er melasse is gebruikt.

Met medewerking van Fenny van Wees

Jenever
Reclameaffiche Blankenheym & Nolet, zonder jaar, collectie Gemeentearchief Rotterdam

BLANKENHEYM'S
AALBESSEN
JENEVER
PRIMA
BESSEN JENEVER
BLANKENHEYM & NOLET
ROTTERDAM
BLANKENHEYM & NOLET'S DISTIJ.
ROTTERDAM ANNO: 1714

Jeneverbes

Jeneverbes
Glaasjes gevuld met jenever-bessen, foto David van Dijk, 2004

De jeneverbes behoort tot de familie der cipressen. De *Juniperus communis*, of gewone jeneverbes groeit in gematigde en koude streken. Zij is te vinden in Europa, Noord-Amerika en in de Himalaya. Jeneverbessen voelen zich het meest thuis in heuvelachtige streken en op kalkrijke grond. Op onbeschutte terreinen blijven het heesters van soms niet meer dan 30 centimeter hoogte. Maar wanneer ze een schaduwrijk plekje hebben, kunnen ze uitgroeien tot bomen van wel 10 meter hoogte. In Nederland is de jeneverbes te vinden op zandverstuivingen en in heide- en duingebieden. Op de Lemelerberg staan grote exemplaren die bepalend zijn voor het heidelandschap. Groot of klein, de jeneverbes is altijd te herkennen aan haar rossige takken waar, in kransen van drie, naaldvormige blaadjes aan groeien. De naaldjes hebben een witte streep aan de bovenkant. In het late voorjaar ontwikkelen zich kleine, vlezige bessen aan de plant. De bessen hebben twee tot drie jaar nodig om te rijpen. Aan één struik kunnen daardoor zowel onrijpe groene, halfrijpe rode als rijpe blauwzwarte bessen gevonden worden.

Het aroma van jeneverbessen is zoet, geurig en een beetje harsachtig. Ze bestaan voor 40 procent uit glucose en bevatten veel pectine. Dat maakt ze uitermate geschikt voor verwerking tot geleien, jams en alcohol. De jeneverbes heeft haar naam en smaak gegeven aan Neerlands beroemdste distillaat. In de keuken worden jeneverbessen vooral geassocieerd met wildgerechten. De bessen kunnen de sterke smaak van wild wat verzachten en worden dan ook vaak gebruikt in marinades, sauzen en wildpaté's. Ook in zuurkoolrecepten wordt veelvuldig jeneverbes voorgeschreven. De gehele plant verdient echter meer culinaire toepassing. Naast wild kan ook gevogelte of varkensvlees profiteren van de aromatische besjes. De jonge blaadjes van de struik kunnen, vers of gedroogd, aan stoofschotels worden toegevoegd. Vis krijgt een subtiele smaak wanneer deze wordt geroosterd boven een vuurtje van jeneverbestakken. En wie na het eten op twee of drie jeneverbessen kauwt, wordt beloond met een heerlijk frisse adem.

Judasoor

"Als het gaat vriezen en er waait een droge Oostenwind, dan wordt het oor eerst pimpelpaars, dan bruin en 't schrompelt eindelijk in."
Jac. P. Thijsse, *Paddenstoelen*, Verkade-album 1929

Judasoor (boven)
Plakplaatje uit *Paddenstoelen* van Jac. P. Thijsse, tekening C. Rol, uitgave Verkade's Fabrieken, 1929

Judasoor (onder)
Oogst van een ochtend plukken in Noord Nederland, foto Ria Loohuizen, 1995

Dat veel paddestoelen het uiterlijk hebben van een orgaan of lichaamsdeel, zal bijgedragen hebben aan de 'mycofobie' waar zovelen aan lijden: een lillende lever aan een eikenboom, hersenen die het overblijfsel lijken te zijn van een misdaad, penissen in opgewonden staat, uitgestoken tongen en getuite oren die, waar je denkt alleen te zijn, een geheimzinnige aanwezigheid suggereren.

Judasoor (*Auricularia auricula-judae*), de paddestoel die aan oude vliertakken groeit, heeft bovendien het verradersimago van zijn naamgever meegekregen. Volgens de overlevering heeft Judas zich na zijn verloochening van Christus opgehangen aan een vlierboom en zijn zijn achtergebleven oren voor eeuwig gedoemd te horen hoe de wind hem daarvan beschuldigt.

Maar judasoor heeft ook positieve trekken, zoals de sympathieke eigenschap dat hij groeit (bloeit zou je ook kunnen zeggen, want een paddestoel is de 'bloem' van een onzichtbaar organisme) wanneer de meeste eetbare paddestoelen het vanwege de kou laten afweten: in de winter – het moeilijkste seizoen voor alle gewassen. Samen met nog een paar taaie types, met name de oesterzwam, zorgt het judasoor ervoor dat wij kunnen blijven beweren dat er in elk seizoen (eetbare) paddestoelen te vinden zijn. Als je dan, zoals ik, een vlierplantage weet te vinden, ben je er in de voor de wandelende smulpaap magerste tijd van het jaar van verzekerd dat je er iets te plukken is. En omdat ze veelal langs de takken omhoog groeien en de bomen in de winter kaal zijn, is het lui oogsten. Soms, zoals Jac. P. Thijsse constateerde, hebben judasoren zichzelf aan de boom al geconserveerd en kun je ze zo in een pot of blik bewaren tot je zin hebt om een heerlijke Chinese soep te maken en te genieten tot je laatste oortje versnoept is.

Kabeljauw

Over deze oer-Hollandse vis schreef Alexandre Dumas in zijn *Grand dictionnaire de cuisine* (1872). Hij verwonderde zich over een kabeljauw die wel 30 kilo woog, en waarin zo'n negen miljoen eitjes werden aangetroffen. Vervolgens geeft hij een fantastische demografische berekening: als al deze eitjes uit zouden komen en als alle nakomelingen zo gigantisch groot zouden worden, dan zou men binnen drie jaar over de ruggen van deze vissen de Atlantische Oceaan kunnen oversteken.

Niets blijkt vandaag de dag echter minder waar. Als er één vis is die met uitsterven wordt bedreigd dan is het wel de kabeljauw. Er wordt niet alleen te veel gevist, ook wordt de kabeljauw gevangen voordat deze geslachtsrijp is. Hierdoor kan de vissoort zich nauwelijks voortplanten. Al sinds 1998 pleiten visserijbiologen voor een vangstverbod op kabeljauw van onbepaalde duur, totdat de populatie weer een beetje hersteld is. Omdat de Europese ministers dit advies niet volgen, staat het er steeds slechter voor met de kabeljauw. Het is slechts een kwestie van jaren voordat kabeljauw niet meer gevist kan worden in de Noordzee. Het alternatief is lijngevangen kabeljauw uit de wateren rond Noorwegen en IJsland of gekweekte kabeljauw uit onder meer de Britse Shetland Eilanden. Een Brits aquacultuurbedrijf heeft als eerste een aantal van haar netkooien vol gezet met babykabeljauw die in een speciale 'nursery' uit hom en kuit is gekweekt.

Ooit was kabeljauw een goedkope, alledaagse vis en was hij in Nederland, onder het motto 'doe maar gewoon dan doe je al gek genoeg', bijzonder populair. Hij werd vers of bevroren verkocht maar ook in de vorm van bacalao (gedroogd en gezouten) of stokvis (gedroogd). Nu behoort hij tot de exclusieve vissoorten met als enige voordeel dat zijn culinaire verdiensten meer erkend worden. Vooral kabeljauwstaart is een delicatesse, evenals de wangen en 'tongetjes', in het Belgische gerecht kaakjes en keeltjes. Wat de economie al niet met het imago van een doodgewone vis kan doen.

Kabeljauw
Boekje met visrecepten, uitgegeven door het Produktschap van Vis en Visprodukten, 1960

en Visprodukten, verzorgd door het

Kalfskoontje

Tussen de oren

Kalfskoontje
Illustratie Stang Gubbels, 2004

Het sappigste, malse stoofvlees dat er in mijn beleving bestaat, is het kalfskoontje. Hoewel de kalfswang in restaurants de laatste jaren vrij trendy is geworden, is het, althans in Nederland, vooral door de (emotionele) associatie met 'kopvlees' nog steeds een ondergewaardeerd deel van het kalf. Maar wie eenmaal het zacht smeltende vlees met haar karaktervolle, hartige smaak heeft geproefd, zal beslist niet meer huiveren bij de gedachte de 'wangetjes' van een kalf te eten. In madera gekarameliseerd zijn ze helemaal om te zuigen.

Een gedicht uit het boek *Een mond vol kunst* bij in madera gekarameliseerde kalfskoontjes met flinters rauwe grotchampignons en zwarte wintertruffel, salade van winterpostelein met kappertjes en koriander:

Tussen de oren

Een vooroordeel
onwaarachtig,
een bange voorstelling tussen de oren
ten opzichte van
jouw ritmisch bewegende kaken
jouw karaktervolle wangen,

Smachtende konen
om op te eten zijn ze,
gelakt met Madeira,
smaak van kruidige caramel
versmolten met hartige sappen,
smeltend vlees
zachter dan een knijpje
in een mollige bil

De onthulling
ligt in de kuiltjes,
woorden vervangen
door zwijgende waarheid

Kandeel

Kandeel
Authentieke verpakking van een fles kandeel van H.J. van Toor's distilleerderij

Kandeel? Dat is toch een drankje? Klopt! Het is van oorsprong een kruidenlikeur op basis van eieren, brandewijn en suiker, geel tot okergeel van kleur, lichtgebonden qua consistentie. De drank heeft een zoete en romige, kruidige kaneelsmaak en een alcoholpercentage van 15-19 procent. Maar er zijn vele varianten, met kruidnagel, nootmuskaat en honing. Of met een extra scheutje cognac. Er is er zelfs een met zoete witte wijn.
Het woord 'kandeel' is afgeleid van het Latijnse 'caldellum' (caldum betekent warm). Andere namen voor dit drankje zijn Candeel of wijnsoep. Soortgelijke 'dranken' zijn sabayon, eierpunch en natuurlijk advocaat.

Oorspronkelijk werd de drank (lauw)warm gedronken en geschonken bij de geboorte van een kind. Het kraambezoek nam voedzame eetwaren mee voor de kraamvrouw, de kandeel werd geserveerd door de kraamvader, aan de jonge moeder en de kraamvisite.

Het drankje zou de kraamvrouw weer kracht geven en het zou goed zijn voor het 'zog' ofwel de borstvoeding. En al lijkt mij dit erg onwaarschijnlijk, de moeder zou op deze manier ook de zuigeling enigszins bedwelmen met het alcoholpercentage, waardoor deze lekker zou slapen.

In de achttiende eeuw ging de kraamheer in vol ornaat gekleed, hij droeg een met kant omboorde satijnen muts en een gebloemde kamerjas om de boze geesten af te leiden van moeder en kind. De pijp kaneel, waarmee door de vader in de kandeel werd geroerd, moest hem kracht geven die geesten te weerstaan. Bij de geboorte van een jongen werd een lange kaneelstok met meerdere strikken gebruikt, bij een meisje een korte stok met één strikje.

Men schepte de kandeel uit speciale kandeelbekers die een klokvormige kelk op een korte geprofileerde stam en een deksel hadden. Even daarvoor had de jonge vader met kraamkamermuts op het hoofd met een met linten versierd kandeelstokje de warme kandeel nog even goed geklopt. Zeker is dat tot in het begin van de achttiende eeuw het bezoek de kandeel dronk uit één glas dat rondging.

H. v. TOOR Jz.
Vlaardingen-Holland
RANDEEL

Kapucijner

Raasdonders

De Hollandse rijsttafel, jonge kapucijners met uitgebakken speklapjes, een kruimige pieper of rijst en een hoop bijgerechten zoals augurk, zilveruitjes, appelcompote en natuurlijk piccalilly en mosterd, is misschien wel de meest gegeten variant van een kapucijnermaaltijd.

Een typische Hollandse boon die luistert naar de naam kapucijners, maar eigenlijk niet zo Hollands is als we denken. Kapucijners kennen hun roots in Azië en Turkije, waar ze vijfduizend jaar geleden al werden gecultiveerd. Tegen het einde van de achttiende eeuw kwam de kapucijner pas hier in zwang maar veroverde wel direct snel terrein. Onze voorouders aten bijna dagelijks peulvruchten. Bruine bonen, witte bonen, erwten en kapucijners hielden zich goed in het Nederlandse klimaat, ze waren gedroogd lang houdbaar en bevatten veel plantaardige eiwitten, koolhydraten, ijzer, vitaminen en voedingsvezels.

Via de kleurassociaties van bruine en witte bonen besloot men de kapucijner ook een titel te geven die de kleur tot leven kon brengen. De minderbroeders van de kloosterorde kapucijnen droegen een pij die in kleur wel heel erg veel overeenkomsten vertoonde met de gedroogde boontjes. De naam was geboren.

Ze zijn verkrijgbaar in verschillende verschijningsvormen, de bekendste zijn de ingemaakte 'velderwtjes', jonge kapucijners in een potje die direct zijn te gebruiken voor een maaltijd. Gedroogde kapucijners moeten voor verwerking eerst 10 uur worden geweekt. In de maanden juni en juli (en alleen in deze twee maanden, helaas) zijn bij de groenteboer ook verse kapucijners te krijgen. Uitermate sappig en van kleur mooi groen.

Deze verse jongens zijn bovendien iets sympathieker met het oog op winderigheid, een onlosmakelijke consequentie die gepaard gaat met het nuttigen van kapucijners waaraan ze hun bijnaam raasdonders te danken hebben. Een goed maaltje kapucijners bevat namelijk meervoudige suikers die niet door ons lichaam kunnen worden opgenomen. Aan het einde van het verteringskanaal huist echter een bacteriekolonie die wel raad weet met dit suikergoed. Ze breken de boel af waar je bij staat maar produceren daarbij wel een overschot aan kooldioxide die het lichaam dient te verlaten. Raasdonders zijn hiervan het resultaat, gepaard met kabaal en een veelal (overigens ook bacteriële) onprettige geur. Verse kapucijners, gekookte en ontkiemde bruine varianten hebben minder meervoudige suikers dus de winderigheid neemt hier af.

Kapucijner
Kapucijnermaal met blinde vink en uien, foto uit de eetpocket *Dat is lekker,* 1960

Karnemelk

Veel Nederlanders vinden karnemelk erg lekker, vooral in de zomer. Het is heerlijk fris én verkoelend. Het is de melk die overbleef na het karnen van de boter, vandaar de naam 'karne'melk. In Duitsland noemen ze het Buttermilch. Vroeger werd karnemelk gemaakt van volle melk. Met een stok werd de melk, die in een hoge kuip zat, op en neer gestoten. Daardoor ging het melkvet klonteren en ging het als boter boven op de melk drijven. De boter werd van de melk afgeschept. De overgebleven magere melk, inmiddels verzuurd, werd gedronken als karnemelk. De smaak was wisselend en de melk vaak vlokkerig.

Tegenwoordig word karnemelk meestal bereid uit magere melk die aangezuurd is met melkzuurbacteriën, welke de melksuikers (lactose) omzetten in melkzuur. Karnemelk is een natuurlijk zuivelproduct, vetarm en bevat naast eiwitten ook mineralen en vitamines. De melkzuren in de karnemelk hebben een gunstig effect op de stabiliteit van de melk waardoor deze niet vlokkerig wordt, én ze geven de bekende fris-zure smaak aan de melk.

Karnemelk kan niet zomaar verhit worden, dan gaat het vrijwel direct schiften. Wel kan karnemelk als ingrediënt verwerkt worden, wat in veel landen ook gebeurt. In de Verenigde Staten worden er dikke pancakes van geserveerd met maple sirup en in Engeland zijn de beste scones bereid met buttermilk, geserveerd met clotted cream en jam. In Nederland wordt karnemelk gebruikt in diverse kruidkoeken. Maar we hebben ook gerechten met karnemelk. Wat te denken van een overheerlijk, bijna vergeten recept als karnemelkpap, of kruudmoes; een pap van grutten uit diverse soorten graan met mager rookspek en verse rookworst, geserveerd met groene kruiden of groenten en vaak gezoet met stroop.

Karnemelk
Ik denk ..., 2003, Paul van der Eerden, potlood/kleurpotlood op papier

IK DENK DAT IK
HEM VANAVOND
MAAR EENS IN DE
KARNEMELK HANG

Karper

Bij jeugdtrauma's denkt men aan gescheiden ouders, gepest worden op school of het per ongeluk loslaten van een met helium gevulde ballon. Nooit hoor je iets over het oplopen van een trauma door een karper.

Het was een warme zomerdag in 1968, je moeder stelde voor om verkoeling te gaan zoeken in het Amsterdamse Bos. Voetbal, badkleding en een mand proviand werden ingepakt en zo ging je op de fiets naar het bos. Bij zo'n dag hoort een ijsje en dan kan het gebeuren dat je als klein meisje met een ijsje in je hand tot je buik in het water staat. Nietsvermoedend lik je aan het ijsje en je kijkt om je heen naar alle andere spelende kinderen. Plots springt er iets op uit het water en doet hap! Nauwelijks bewust van wat er gebeurt, sta je daar, met alleen nog maar de onderkant van je ijshoorntje in je handen. Het water spat om je oren, je moeder komt aangesneld om je te redden. Zij zag wel hoe het monster zich uit het water omhoog werkte en met ijsje en al weer verdween.

Zoiets vergeet je nooit meer, erger, je droomt van monsters die je lekkers stelen. En als je een jaar later bij je oma gefilte fish te eten krijgt, weet je zeker dat je dan eigenlijk je ijsje zit op te eten, waardoor de wat kleffe visbal in een keer lekkerder smaakt. Dus pas op met karpers, ze staan erom bekend dat ze hun voeding niet alleen op de rivierbodems vinden, fruit en zaden die van overhangende bomen zijn gevallen en op het water drijven vinden ze eveneens heerlijk. Ze deinzen er niet voor terug om boven water aan hun voedsel te komen. Door hun lengte, een beetje karper is meer dan een meter lang, zijn ze ook niet echt klein te noemen. Er is wel eens een karper gesignaleerd die bijna 20 kilo woog.

Belangrijk is om een pas gevangen karper een dagje met schoon water te spoelen alvorens tot consumptie over te gaan. Door hun leefgewoonten hebben ze van zichzelf een nogal modderige smaak. Behalve natuurlijk als ze veel kleine kinderen het leven zuur gemaakt hebben, dan kunnen ze opeens heel erg naar aardbeien smaken.

Karper
Spanen doos met karper op schotel, 1600-1650, Sebastian Stoskopff (1597-1657), collectie Hannema-de Stuers Fundatie Heino/Wijhe

Kastanje

Beschuyt, Sout, Kastagnien - tot een pont kan men zoo veel doen als met 2 pont Broot.

(Van een oude proviandlijst voor een vesting)

Het gebied waar enkele natuurbeheerders nu, in de 21ste eeuw, zogenoemde Smulbossen willen aanleggen om allochtonen 'meer van de natuur te laten genieten', werd in de Romeinse tijd door legioenen beplant met in ons land niet inheemse tamme kastanjes. In Noviomagus, oftewel Nijmegen en de omgeving van Arnhem, gedijen de bomen nog steeds; bij Berg en Dal bevindt zich de oudste en dikste boom in ons land, van minstens vierhonderd jaar. Kastanjes werden in de Oudheid gewaardeerd om hun voor noten uitzonderlijk hoge gehalte aan vitamine C en veel op lange (zee)reizen meegenomen als middel tegen scheurbuik.

Een vriendin vertelde dat zij in haar jeugd met andere kinderen uit de buurt ging 'makke beren rossen', oftewel tamme kastanjes uit de bomen slaan, waardoor ik moest denken aan het schilderij van Gerard David, *Rust tijdens de Vlucht naar Egypte*, geschilderd rond 1510. Terwijl Maria met haar Kind is neergestreken op een rots, met aan haar voeten een prachtig gevlochten picknickmand waaruit zij een sappige tros druiven tevoorschijn heeft gehaald, staat Jozef een eind verderop met een stok 'makke beren' uit een boom te slaan: lekker voor straks bij de druiven en wat er ook nog meer in die mand moge zitten.

Een gezegende bosvrucht, zou je dus kunnen zeggen, die in de Beste Families gewaardeerd en genuttigd werd. Menigeen heeft een associatie met de straten van Parijs in het najaar, want dat lijkt zo'n beetje de enige stad waarin het kastanjepoffen nog onbedreigd plaatsvindt. In een document uit 1685 van de stad Amsterdam staat 'dat van tijd tot tijd meer en meer inkruypt het braden van Castanien, op de Bruggen, publijke Straten, voor de Huyse en Kelders, byna door de geheele Stad'.

Voor een bevriende allochtone restaurateur heb ik onlangs navraag gedaan bij de gemeente over een vergunning om op straat kastanjes te poffen. Naar bleek worden er op het gebied van etenswaren (buiten Koninginnedag) alleen nog maar vergunningen verleend voor hotdogs. Mijn Turkse vriend zal het dus inderdaad van dat toekomstige Smulbos en de jaarlijks te houden 'Pluk-de-dag-picknick' moeten hebben.

En wij zullen onze eigen hotdogs uit het vuur moeten halen.

Kastanje
Rust tijdens de vlucht naar Egypte, detail, ca. 1510, Gerard David (1460-1535), collectie National Gallery of Art, Washington

Kers

De klank van de Middeleeuwen: Mierlose Zwarte en Belgische zoete Hedelfinger

Kers
Alhoewel Flipje van Tiel vaak geassocieerd wordt met kersen, is het een mannetje met een frambozenlijfje, aardbeien-kraagje en armpjes en beentjes van aalbessen

Hij was wild en romantisch, kwam uit Kerasos (het huidige Turkse Küresin), betoverde de Oude Wereld en veroverde als kweekvrucht geheel Europa - in het kielzog van Romeinse heirscharen én trekvogels! De veelbezongen vrucht moet je altijd 'kersvers' eten en dat betekent: op het moment suprème plukken, want ze rijpen niet na. Als je ze bewaart, doe het dan kort en koel, en, om subiet bederf te voorkomen: met de steeltjes er nog aan. Om ook buiten het seizoen van de bekoorlijke maar snel schimmelende vrucht te genieten, verzonnen we diverse conserveermethoden. Bevorderen tot 'kriek', bijvoorbeeld, of inmaken als confiture, zoals die van Flipje uit Tiel (in het hart van kersenstreek Betuwe). Door inleggen in brandewijn of konfijten - lang en herhaaldelijk drenken in suikersiroop - hield je de kwetsbare vruchten eveneens goed.

Zelfgemaakte vruchtenconfituren van bijvoorbeeld 'karssen' werden vroeger puur genuttigd of aan visite geserveerd: 'Nauwelijks was de thee terzijde of de jongejuffrouw kwam met een groot vierkant zilveren blad, opgevuld met confituren', staat er in Sarah Burgerhart van Betje Wolf en Aagje Deken. In het geval van kersen negeerde men daartoe tafelkersen (*Prunus avium*) zoals de ouderwetse Beierlander, Mierlose Zwarte, Belgische zoete Hedelfinger en krieken. Liever koos men 'walen': zure kersen (*Prunus cerasus*). Vooral de kleine morellen, waarvan verschillende tinten bestaan, of de bonte, geelrode Hedelfinger waren favoriet. De lichtgekleurde 'spekkers' - met een bol wit buikje en een enkele blos - verdween meestal in de inmaak. Beroemde, heerlijke meikersen horen bij de 'royalen': kruisingen tussen zoet en zuur.

Kersen zijn rijk aan kalium; wilde, zeer zure kersjes worden wel ingezet tegen reuma en artritis en staan bekend om hun bloedzuiverende, licht afdrijvende werking. Schone kersenpitten, verpakt in een sloopje, voorzichtig in folie gewikkeld en verwarmd in de oven of op de kachel, leg je als een kruik in bed. Veel smakelijker: je kneust ze en laat ze meetrekken in compotes, of in een lekker destillaat van kersensap: marasquin.

Betuw
VOORDEELPOT

Kervel

De 'gewone', de Roomse en de dolle

De halve straat, denk ik. Zoveel huishoudens konden er kervelsoep maken van dat ene zakje zaad dat ik met een wijds gebaar uitstrooide in een vochtige tuinhoek. Het was de gewone, echte of tuinkervel (*Anthriscus cerefolium*) die ik zaaide, met zijn aangenaam milde, tikje zoete smaak. Het geveerde blad van deze schermbloemige plant is lichter en fijner dan peterselie en geurt subtiel naar anijs. De reuk is in Roomse (of Spaanse) kervel zo pront aanwezig dat hij opdringerig kan werken en wel met mirre wordt vergeleken: *Myrrhis odorata*, mirrekervel in de volksmond.

Het milde kruid stamt uit de Kaukasus, Griekenland en West-Azië. De eerste kervelkwekers waren Syriërs, al in de eerste eeuw na Christus. Middeleeuwers hier te lande maakten graag slaatjes van kervelzaad, olie en azijn en uit de zeventiende eeuw kennen we een aanbeveling om kervel in 'wittebroodsop' te snipperen. Destijds gold kervelblad ook als suikersurrogaat; bakkers gebruikten fijngehakte blaadjes in krentenkoek en gebak. Kervel groeit bijna het jaar rond, wat prettig is, want gedroogde kervel smaakt naar de inhoud van een stofdoek. Ook invriezen en koken leidt tot immens smaakverlies: kervel gebruik je vers, of verwerk je op het allerlaatst in warme gerechten als omelet 'aux fines herbes' of béarnaisesaus. Het hoort in kruudmoes en maakt praktisch altijd onderdeel uit van 'in 't groen', bij vis. Opvallend: olie uit rijpe, donkerbruine kervelzaden verdween vroeger in meubelwas!

Waar echte kervel niet meer dan kniehoog wordt en eenjarig is, met fijne blanke schermbloemetjes, ontpopt de Roomse zich als een onuitroeibare blijver die na enkele jaren anderhalve meter hoog reikt. Van waterscheerling (*Cicuta virosa*) luidt het synoniem 'dolle kervel'. De plant verkiest de beekdalen en lössgronden van Oost- en Zuid-Nederland en is prachtig, maar uiterst giftig. Nee, dan de gewone: het blad is rijk aan vitamine C, bevordert de spijsvertering, helpt tegen keelpijn en staat bekend als bloedzuiverend, vochtafdrijvend en opwekkend. En alsof dat nog niet genoeg is brengt kervel vreugde in je hart.

Kervel
Kervel, illustratie uit het *Cruydt-boeck* van Rembert Dodoens (1517 - 1585), Antwerpen, 1618, 3e bijgewerkte en herziene druk, particuliere collectie

Keruel.

Kievitsei

Kievitsei
Geraapte kievitseieren, locatie onbekend, foto Hartgerink/ ANEFO, 1946, collectie Nationaal Archief Den Haag

Het was altijd weer zo'n moment in het jaar, vergelijkbaar met Sinterklaas en je verjaardag, waarop boven op de toonbank van de delicatessenwinkel een tray met kievitseieren stond. De mooie kleine eitjes met hun glimmende schil en donkere vlekjes, de overheerlijke smaak samen met een klein beetje selderiezout. Genieten, genieten.

Maar: het mag niet meer, er mogen geen kievitseieren meer geraapt worden. De kievit was immers hard bezig uit te sterven. Dat komt natuurlijk niet alleen door het rapen. De intensievere veeteelt en grotere landbouwmachines hebben er ook voor gezorgd dat menig nest platgewalst werd. Bovendien is het kievitsei ook nog eens de dupe geworden van het beleid waardoor ze zelf juist beschermd worden. Het beleid dat niet alleen de kievit maar ook andere in de natuur levende beesten beschermt. Daardoor zijn ook de vossen, hermelijnen en wezels weer in grotere aantallen aanwezig in ons weidelandschap. Deze beesten zijn ook dol op kievitseieren en dat kunnen we ze niet kwalijk nemen.

Om te voorkomen dat er geen kievit meer overblijft, zijn er plannen gesmeed. De eierenzoekers, 'aaisikers', zoals ze in Friesland genoemd worden, zijn van jagers tot beschermers gebombardeerd. Zij helpen de boeren bij het beschermen van de nesten tegen het vee en de landbouwmachines. Bovendien zorgen ze ervoor dat het kleine wild de mooie eitjes niet meer te grazen kan nemen. De nesten worden met grote zorg afgeschermd of zonodig zelfs verplaatst zodat de kievit in alle rust kan broeden.

Zo wordt de traditie van de aaisiker in stand gehouden; ze mogen ongestoord door de weilanden banjeren, wat volkomen in hun en ons belang is. Iedereen wacht op de dag dat er weer overschotten op de kievitseierenmarkt zijn, want dan mogen de aaisikers weer op pad voor de consumptie. Tot het zover is: verboden te rapen! Je moet er toch niet aan denken dat we voorgoed van deze schoonheid uit de natuur verstoken blijven?

Kip

Wat zouden we trots kunnen zijn op onze kippen: van zuiver agrarische creatuur, een groot exportproduct en werkgelegenheid biedend aan duizenden mensen. Jammer genoeg is de kippenproductie het kenmerkende voorbeeld van de doorgeslagen economie, waarin men niet meer zuiver nadenkt en alleen de cijfers lijken te tellen. Zoveel mogelijk kippen per vierkante meter in een hok stoppen en er zoveel mogelijk rendement uithalen, is de gedachte. Dat de kip dan helemaal geen smaak meer heeft, wordt opgelost door deze voor het grillen in te smeren met een kruidenmengsel en dan lijkt het volk tevreden. Laten er mensen zijn die deze waterkip helemaal niet waarderen. Zij gaan naar de biologische slager en halen daar een Noord-Hollandse Blauwe of, het nieuwste neusje van de zalm op kip gebied, de Calicuth.

Een aantal feiten op een rijtje.

Er zijn ongeveer 28 miljoen batterijkippen in ons land. Dat betekent dat er 18 kippen op een vierkante meter bij elkaar zitten. Ze hebben geen uitloop naar buiten en het aantal kippen per stal is onbeperkt. Na 2012 zal het houden van kippen op deze manier niet meer zijn toegestaan.

Er zijn ongeveer 5,5 miljoen scharrelkippen in Nederland. Er zitten 9 kippen op een vierkante meter, die evenmin een uitloop naar buiten hebben. Ook hier is het aantal kippen per stal onbeperkt.

Er zijn ongeveer 300.000 biologische kippen in Nederland. Er zitten 6 kippen op een vierkante meter stalruimte, die bovendien nog eens 4 vierkante meter in de buitenlucht hebben. Er mogen maximaal 300 kippen in een stal.

Uit het bovenstaande lijstje valt meteen op dat wat onder de wet valt als 'biologische kip', feitelijk nog maar weinig te maken heeft met een 'levende' kip. Over de batterijkippen zullen we het verder maar niet meer hebben. Op zoek naar een 'echte' kip vind je in Nederland allemaal beren op de weg. Als je aanbelt bij een boerderij en vraagt naar een kip word je raar aangekeken. Ik heb één lekkere kip gevonden, bij Kemper Hoenders in Doetinchem. Dit bedrijf levert ook rechtstreeks aan particulieren (voor andere verkooppunten, kijk op www.kemperkip.com). Laten we hopen dat hiermee het eerste schaap over de dam is.

Kip
Nederlandse stand voor de Leipziger Messe, 1941, ontwerp Koen Limperg, collectie Nederlands Architectuurinstituut Rotterdam

IE WICHTIGSTE FORM VON BODENNUT
IN DEN NIEDERLANDEN
ROTE RHODELÄNDER

Koetjesreep

Nors en zonder haten
Loop ik eenzaam door de straten
Want de mensen doen heus hun best
Maar ik ben niet zo als de rest
Ik wou dat ze mij begrepen
Ik eet graag veel koetjes-repen
Dan denk ik pas weer aan
Het leuke van het leven
Ze moeten mij gewoon meer
Koetjesrepen geven...

Shannon Vlaar (7 jaar)

Wie kent 'm niet, het welbekende, typisch Hollandse 'chocoladereepje' met op de haast Delfts Blauwe wikkel een lichtblauwe koe. Bij mijn schoonmoeder is het reepje vast onderdeel bij het kopje thee: 'Het staat zo leuk op het schaaltje.' De kleinkinderen zijn gek op de leuke nostalgische verpakking, het is iedere keer weer een cadeautje dat ze mogen uitpakken. Al zeggen ze wel dat het rare chocola is. Het reepje is ook geen chocolade, maar 'cacaofantasie'. Een Koetjesreep weegt slechts 15 gram en bestaat voornamelijk uit suiker, plantaardig vet en een heel kleine hoeveelheid cacaopoeder. Dus eigenlijk mag het niet eens chocolade genoemd worden.

De koetjesreep bestaat al 35 jaar en werd oorspronkelijk gemaakt door Koninklijke Boon. Ruim 12 jaar geleden is het bedrijf overgenomen door een ander bedrijf. De reepjes bestaan nog steeds, maar worden niet meer in alle supermarkten verkocht. Waar ze nog wel in het assortiment zitten, moet je met je neus in het schap duiken om een zakje (per 10 stuks verpakt) te vinden. De reep heeft veel moeite met de concurrentie van de andere snoepgiganten, getuige de actie 'Red de Koetjesreep' die ervoor moet zorgen dat de reep kan voortbestaan. Chocola of geen chocola, deze nostalgie mag niet zo snel verdwijnen!

Koetjesreep
Wikkels van koetjesrepen

Koetjes reep®
met druivensuiker en calcium
Koetjesreep®

Kokkel

De kokkel is een schelpdier dat veel voorkomt in de Waddenzee. Op kokkels wordt in Nederland al sinds de Middeleeuwen gevist. Sinds de jaren vijftig van de vorige eeuw gebeurt dit zowel mechanisch (met schepen) als handmatig. Langs de westkust van Nederland worden sinds 1980 geen levende kokkels meer gevangen. Tegelijkertijd met de kokkel verdween hier trouwens ook de venusschelp. In Nederland wordt de kokkel nauwelijks gegeten. Hij wordt vooral geëxporteerd naar Spanje, voor de bekende paella. Het kokkelseizoen begint omstreeks begin september en duurt drie maanden.

Kokkels leven aan de oppervlakte in het zand en het slib en vormen een gemakkelijke prooi voor meeuwen, eidereenden, scholeksters, zeesterren, platvissen en kreeftachtigen. Het strand ligt vaak bezaaid met complete exemplaren of losse schelphelften, die tot 6 centimeter groot kunnen worden. De schelpen zijn dik en geribbeld. De kokkel houdt door middel van twee sifons (buisjes) contact met het water. De kokkel filtert fytoplankton en dood organisch materiaal uit het water. Per uur kan een kokkel een halve liter water filteren. Elke paar weken filteren de kokkels in de wadbodem zo al het water in de Waddenzee.

Een lekker recept is kokkels uit de oven. Was 1 kilo kokkels en leg ze op een bakblik in de oven (op 180 – 200 graden), met 4 eetlepels olijfolie, 1 teentje geperste knoflook en tijm, tot ze allemaal open zijn (4-6 minuten).

Kokkel
Kokkelvangst op de Waddenzee, zonder jaar, collectie Zeeuws Archief Middelburg, verzameling A.C. Drinkwaard

Konijn

Tegen de kerst is het weer raak, sinds Youp van 't Hek met zijn liedje *Flappie* naar buiten is getreden, vinden wij in Nederland allemaal konijnenhokken met grote hangsloten. Kinderen zijn doodsbang dat hun knuffeldier hetzelfde lot is beschoren als Flappie. De jeugd van tegenwoordig is niks meer gewend. Vroeger, toen was alles anders, maar ook beter? Dat ligt eraan of je graag konijn eet. In Nederland zie je het nog maar zelden, in het buitenland is het nog steeds gemeengoed: lieve konijnen die in hun hokje op het erf rustig de kerst afwachten.

Waarom ook niet, niet voor niets is er de uitdrukking 'het is bij de konijnen af', doelend op het gemak waarmee ze zich voortplanten. Het is een eenvoudig verkrijgbaar, goedkoop en ook nog smakelijk beest om op te eten.

Laten we, om de gemoederen rustig te houden, doorgaan met wild konijn. Over het algemeen worden deze kant-en-klaar voor de pan verkocht bij de poelier. Wat te doen als je op een bosweg 's nachts een konijn doodrijdt? Achter in de auto leggen en thuis op een koele plaats een aantal dagen ophangen om het beest te laten besterven. Pas vervolgens de makkelijke stroop-methode toe. Pak daartoe het vel in het midden van de rug vast en trek het een eindje omhoog. Snijd met een scherp mes dwars op het lijf een handgrote gleuf. Trek vervolgens met de handen het vel uit elkaar. Maak de rug vrij door het vel richting kop en richting staart te trekken. Trek het vel over de voor- en achter-poten en snijd het los. Verdeel met behulp van een mes, een wildschaar en een keukenbijltje het konijn in stukken.

Wilde konijnen zijn van augustus tot oktober op hun best, misschien wel het allerlekkerst is een duinkonijn dat zich met het zilte gras van de duinen heeft gevoed tot een smakelijk maaltje voor op ons bord.

Laat de konijnen van de kinderen maar zitten, meestal zijn ze te vet om echt smakelijk te worden, bovendien loop je de kans om het net als in *Flappie* niet te overleven.

Konijn
'Witte van Hotot'-konijnen, foto uit *Konijnen* van Fr. C. Schaedtler, zonder jaar

Kool

In de al enige tijd gaande zijnde 'verbroccolisering' van het groenteaanbod zou je bijna vergeten dat er historisch oudere groenten bestaan dan de nuffige bonsaiboompjes uit het oostelijke deel van het Middellandse-Zeegebied. Alle kolen - ook broccoli - zijn loten van één stam, waarvan de naam begint met *Brassica*. De uit Italië bekende cavalo nero evenals de Brits-Frans-Ierse zeekool behoren ertoe, maar ook spruitjes, letterlijk spruitend aan een stam. Deze kleinste kooltjes van het assortiment heten in het Duits treffend Rosenkohl. Vaste kolen, oftewel sluitkolen met hun 'kop', zoals rodekool en witte kool, vormen een eigen brassica-clubje. Witte kool eten we hier nauwelijks puur (of gestoofd met een stuk bacon, zoals de Ieren doen) maar versnijden we doorgaans tot zuurkool, al dan niet gemengd met een weinig savooienkool.

Het losse, wat rimpelige blad van de savooienkool (volgens Fransen de énige kool, zeker voor hun chou farci) is al onder ons vanaf de zestiende eeuw. Op doeken van Hollandse en Vlaamse meesters - denk aan keukeninrichtingen, warmoezerijen en markten - is hij direct herkenbaar, alhoewel daar de grote schutbladeren er nog weelderig omheen zitten en savooienkool nu als een kale, in plasticfolie getrokken biljartbal wordt aangeboden. Als je mazzel hebt, vind je hem nog in twee uitvoeringen: de populaire groene, die ook wel Bredase kool heet en waarvan de buitenste bladeren diep blauwgroen en zwaar generfd zijn, en de sporadisch voorkomende Bloemendaalse Gele, bijgenaamd 'slobberkool' die zacht en romig is en ooit veel werd gebruikt in de Indonesische keuken.

Kool
Pagina uit *Beknopte geïllustreerde handleiding tot het kweeken van groenten en bloemen*, Zaadhandel en Zaadteelt v/h A. Hobbel, jaren '30

No. 22. Witte kool, „Roem van Enkhuizen", vroege.

Koolraap

Weinigen kennen de koolraap. De koolraap laat zich dan ook niet makkelijk vangen. Zeker niet in geometrische bewoordingen. Geen bol, maar ook geen kegel. Eerder twee kegels, met de achterwerkjes tegen elkaar geplakt. Pseudo-symmetrisch. Wellicht dat buitensporige vormfanaten er een Janusfiguur in zien. Komt men algauw op Auguste Rodin. Of een andere beeldhouwer naar keuze.

De koolraap is vuil van buiten en van binnen zeer zachtaardig lichtgeel. Homeopathisch verdund cadmiumgeel. Mocht Rodin of andere beeldhouwer ooit een koolraap tussen zijn vingers hebben gehad, hij zou gezien hebben dat er puree in zat. Wachtend om eruit gestampt te worden. Echter, omdat de koolraap zoiets is als het draadjesvlees onder de rapen, zal deze puree zelden ideaal en al helemaal nooit ideaal vormloos worden.

Beter is het de koolraap kubistisch te verwerken. Waarbij alle varianten schuldloos toegepast mogen worden. En al snel wordt ervaren dat elke snede met het zuiverend mes nieuwe structuren aan het keukenlicht blootgeeft, waarbij bewonderende uitroepen als 'deskundig generfde ijstijd!' of 'intiem exploderend zonnestelsel!' op zijn plaats zijn. In het land der plantaardigen is de koolraap een impressionist pur sang. Het is trouwens bij hem, en hem alleen, dat de term knolvormig een maar al te nieuwe lading krijgt.

Zo ruw en onverschillig als de koolraap zich aan de buitenkant voordoet, des te gevoeliger is hij onderhuids. Narcissus in meest nederige vermomming. Wij hebben het hier niet over de aardse hemelse smaak van de koolraap. Zulks is voor de kenner overbodig. Want het kwam al eerder ter sprake: 'Weinigen kennen de koolraap'.

Koolraap
Pagina uit *Beknopte geïllustreerde handleiding tot het kweeken van groenten en bloemen*, Zaadhandel en Zaadteelt v/h A. Hobbel, jaren '30

No. 73 en 692. Koolrapen, gewone gele.

No. 72. Koolrapen, Bangholm, groote gele roodkop.

No. 74. Koolrapen, Engelsche blauwkoppen.

No. 76. Koolrapen, Zweedsche gladde gele.

Kreeft

Kreeft
Uit de serie 'culinaire tips'
Kreeft eet Kreeft, foto Gina Kranendonk, 1992, collectie Visserijmuseum Vlaardingen

Met de kreeft valt niet te spotten. Wanneer de mensheid en bijbehorende levende have zichzelf, door nucleaire en andere verontreinigende inspanningen, allang de das heeft omgedaan, wandelt de kreeft als enige nog ongezien rond. Zegt men.

Zegt men kreeft, zegt men hydrografie. In Zeeland komen ze voor langs de dijken, maar ook rondom de pijlers van de Zeelandbrug en op plekken waar gebaggerd is, soms wel 6 meter diep. Daar maken ze holen om zich wijs en waardig in terug te trekken. Kreeften die uit eten gaan doen zich tegoed aan schelp- en schaaldieren en elke vis die ze maar tegenkomen. Soortgenoten gaan dezelfde kant op. Kannibalen, dat zijn het.

De enige vijand is de mens die probeert de beesten op te vissen. De vangst in Zeeland gebeurt met kreeftenkorven. De kreeft komt af op een stuk vis dat daarin is bevestigd. Mag er niet te lang in zitten want als het gaat rotten, lust de kreeft het niet meer. Een visser kan tussen de 60 en 150 korven hebben. Het is een intensief karwei.

Waarna de kok het werk komt afronden. De vermaarde Zeeuwse Maartje Boudeling heeft er in een meer dan 25-jarige carrière in haar restaurant in Kruiningen, zeker 50.000 op het fornuis gehad. Wie droomt er niet alsnog weg bij de herinnering aan haar fameuze gerookte kreeft? Of ravioli van kreeft met truffelsaus, of kreeft op een bedje van aardappelpuree met zee-egelsaus?

Eenvoudige mensen stellen zich tevreden met de Canadese kreeft, een stuk goedkoper dan de Zeeuwse. Het vlees van de Zeeuwse kreeften is vaster. Iets bitterder van smaak, en dat is eerder beter dan slechter. Aan de buitenkant zie je het verschil goed. De Europese is blauwachtig en de Canadese is bruin. Het probleem is alleen dat eenmaal gekookt, alle kreeften rood zijn.

Observatie heeft geleerd dat er bij de kreeft sprake is van een aanleg tot tafelmanieren. De rechterschaar, vrijwel altijd de meest ontwikkelde, dient om de prooi te lijf te gaan en in bedwang te houden. Waarna de linkerschaar wordt aangewend om daarvan delen naar de mond te brengen. De mens heeft daar de uitvinding van het kreeftenvorkje tegenovergesteld.

Krentenbrood

Brood is onmisbaar in de groei, het zorgt ervoor dat een jonge telg groot en sterk wordt. Met pindakaas, want daarmee winnen kleine jongetjes de elfstedentocht. Brood hoort al heel lang bij de pasgeborenen. Een oud gebruik schrijft voor een pasgeboren baby brood om de hals te hangen, om beheksing te voorkomen. Vanuit deze traditie ontstond ook geboortebrood. Krentenbroden, maar dan wel buitengewoon grote, werden meegenomen op kraamvisite.

Zo'n krentenbrood werd ook wel krentenwegge of kromme arm (en in Brabant kromme erm) genoemd. Die kromme arm was natuurlijk van het tillen. Want deze krentenbroden waren niet mis. Ze waren soms anderhalve meter lang, en zelfs twee meter was niet ongebruikelijk. De broden waren vaak zo zwaar dat er een kruiwagen of ladder aan te pas moest komen om ze naar het huis van de pasgeboren baby te vervoeren. Dit gebeurde op een afgesproken tijdstip, met de ooievaar voorop en een vaatje brandewijn achterop. Het was een mooie manier om de gemeenschapszin te uiten. Luid zingend ging men naar het huis toe, waar de kersverse vader trots zijn kind toonde in de deuropening. In Gelderland noemde men het een kraamschudderswegge. Dit vanwege het kraamschudden, zoals de kraamvisite genoemd werd. In Groningen is de naam een krentenplas en in Noord-Holland de Hoornsche broeder. Op de broden stond soms een toepasselijk rijmpje in suikerletters: *Voor de kraamvrouw 'n presentje, en de vader ook een endje*.

Maar niet alleen bij geboortes speelde krentenbrood een rol. Een oud Twents gebruik is het meenemen van een krentenbrood, de bruidswegge, naar een bruiloft. En in Staphorst maakte men huwelijksbroden van 4,5 kilo zwaar, bereid met onder andere melk, citroenolie en koekkruiden. Krentenbrood hoort duidelijk bij een vruchtbaar en voorspoedig leven. En dan het liefst besmeerd met een dikke laag roomboter!

Krentenbrood
Een Zwolse bakker heeft voor een speciale gelegenheid een krentenbrood van twee meter gebakken, foto Van Henneke/ ANEFO, 1957, collectie Nationaal Archief Den Haag

Kroket

Als je aan een Nederlander die voor langere tijd in het buitenland woont, vraagt wat hij of zij het meeste mist van Nederlandse bodem, zal in de meeste gevallen de kroket als eerste genoemd worden. Wij zijn kroketteneters en daar staan we behoorlijk alleen in. Buitenlanders snappen er niks van dat we zo dol zijn op de slobberige vulling die bloedheet in je mond glijdt. Kroketten worden dus niet op grote schaal geëxporteerd. In Nederland worden daarentegen 300 miljoen kroketten per jaar genuttigd, wat neerkomt op een gemiddelde van 18 kroketten de man. Dit is slechts de helft van de frikadellenconsumptie waar we er zo'n 36 per persoon per jaar van eten. Toch heeft de kroket als nationaal product een grotere naam dan de frikadel.

De oorsprong van de kroket is vrij voor de hand liggend. Restjes vlees werden verwerkt en door gemalen broodkruim gerold zodat ze tijdens het bakken niet uit elkaar vielen. Het woord kroket komt van het Franse croquette. Dat komt weer van croquer: een knappend geluid maken. Een kroket bestaat uit een ragout met een gefrituurd laagje paneermeel eromheen. Als je daar je tanden inzet, hoor je het knappende geluid van het korstje dat breekt. De basis van de ragout kan alles zijn: groente, vis, kaas en vlees. Er zijn allerlei soorten kroketten: garnalenkroketjes, kaaskroketten, rijstkroketten - beter bekend als de nasibal - én natuurlijk de echte Nederlandse vleeskroket.

Een goede kroket staat of valt met de gebruikte ingrediënten; de bouillon die getrokken wordt voor de ragout; de kruiden die gebruikt worden en natuurlijk het knapperige laagje buitenom. Onder andere in het gebruikte paneermeel schuilt het grote geheim van de fabuleuze Holtkamp-kroket. Deze heeft een grofkruimelige structuur waardoor de knapperigheid fenomenaal is.

De kroket wordt vaak geassocieerd met een ander typisch Hollands fenomeen: de automatiek, die helaas met uitsterven bedreigd wordt. Een euro inwerpen, luikje opentrekken en een kroketje nuttigen, de ultieme afsluiting van een avondje stappen. Daar gaat toch niks boven?

Kroket
Het stap voor stap bereiden van garnalenkroketten, uit *Bakken en braden, lekker koken thuis*, 1981

Kruisbes

Groene glimlampjes uit de moestuin

Spittend in de moestuin vormen glanzende, bijna lichtgevende, groene kruisbessen een weken durende verleiding. Ik kom er maar eerlijk voor uit: het is een verleiding die ik niet kan weerstaan, dus regelmatig horen mijn tuinburen gesputter en geproest als ik wéér een nog al te harde, veel te groene en zure bes proef op rijpheid. Dorstlessend zijn ze wél. Zo'n bes vergaren doe je overigens met gevaar voor eigen leven, vanwege de enorme stekels. Mijn vader vertelde me eens dat slagers vroeger de naaldjes van paarsrode sleebessen gebruikten om hun worsten mee dicht te prikken. Het slagersgilde is van harte welkom in mijn tuin, om materiaal van de kruisbessenstruik voor haar mooie ambacht te vergaren!

Kruisbessen, waarvan de vroege soorten bij een beetje voorjaar al in mei rijpen, zijn halfdoorzichtige knikkers met geelgroene of rossige schil. Ze smaken fantastisch bij rabarber, ook een klant die in mei zijn top beleeft. Je vindt kruisbessen vooral in koele delen van het noordelijk halfrond. Ze bereiken een doorsnee van 10-12 millimeter. Door veredeling (die pas laat op gang kwam) heb je zoete kruisbessen die je zo kunt eten. Van onrijpe of kookexemplaren maak je met suiker knalouderwetse kruisbessenmoes (verhouding: 200 gram suiker op 1 kilogram bessen). Die moes wreef men vroeger wel door een paardenharen zeef om hem van pit en schil te zuiveren. Zulke prachtige handgemaakte 'zeeften' gebruikten koek- en banketbakkers ook graag, voor hun bloem.

Het 'kruis' in de naam van de bes komt van 'kroes', verwijzend naar de fijne haartjes waarmee de vrucht is bezet. Kroesele, zegt men dan ook in Limburg, waar je bij goede bakkers terecht kunt voor vlaaien bestreken met fris-zoet kruisbessenmoes.
Een minder zoete moes kan ook. Eet die dan bij gans, zoals de Britten doen (vandaar 'gooseberry') of bij makreel, een gewoonte van de Fransen. Vreemd? Au contraire, mes amis! Het zuur van de bes pareert het vet uit vogel en vis.

Kruisbes
Kruisbessen, detail, 1701, Adriaen Coorte (ca. 1660-na 1707), collectie Cleveland Museum of Art, Ohio

Lamsvlees

Het voorjaarszonnetje kriebelt, de krokussen kleuren het gras paars en de vogels in de tuin zijn op zoek naar een geschikte plek om te nestelen. De lente is in de lucht, tijd voor heerlijk Hollands lamsvlees dat vooral in april en mei ruimschoots voorradig is. Ik ga op onderzoek uit naar de herkomst van dit heerlijke, botermalse vlees dat onder de naam 'Texels lamsvlees' wereldberoemd blijkt te zijn. Mijn oude vriend Jan Vellinga, een van de eigenaren van Wijnhandel de Vier Heemskinderen, kan met zijn verfijnde smaakpapillen het karakter van dit verrukkelijke stukje vlees veel mooier omschrijven dan ik: 'Het heeft niet alleen die unieke smaak van lamsvlees; door dat scheutje ander bloed wordt de smaak nog mooier omdat het daarnaast ook sappig en rond is.'

De bijzondere omstandigheden op het eiland, de zoute wind en het gras dat een ietwat zilte smaak heeft, zorgen ervoor dat het vlees van de lammeren al lichtgezouten en smaakvol is. 'Pré salé' noemen de Fransen dat. Alleen de lammeren die op Texel zijn geweid hebben die iets zoute smaak. Dat is een duidelijk verhaal. Maar hoe zit het dan met al die andere Texelaars die ook vrolijk door de rest van Nederland huppelen? Ook hun vlees wordt uiteraard verkocht als Texels lamsvlees, trouwens net als het vlees van een kruising tussen Texelse schapen en een ander schaap. Dat scheutje ander bloed is vaak van een boerenschaap, bedoeld om de smaak van het vlees iets spannender te maken. Het spannende dat ze missen omdat ze niet kunnen profiteren van dat bijzondere, zoute milieu.

Maar hoe weet je nu als simpele kok wat voor vlees je in de kuip hebt als je met een boutje onder de arm naar huis gaat? 'Het geheim zit 'm in het laten rijpen, even laten liggen, van het vlees', bezweert de slager van de befaamde slagerij Fred de Leeuw me. 'Niet meteen opeten, maar als je je kunt beheersen nog even een paar dagen laten liggen, dan wordt de smaak alleen maar beter!'

Lamsvlees
Het Lam, illustratie Sieb Posthuma, 1999, www.FAASMM.com

Vleeswijzer van het Lam
1 Bout
2 Gehakt
3 Kotelet
4 Lapjes
5 Ragoûtvlees
6 Rollade
7 Rug
8 Schouder
9 Schijf
Shoarmavlees

Leidse kaas

Leidse kaas
Leidse kaas met de karakteristieke sleutels, 1940, verzameling Elsevier, collectie Nationaal Archief Den Haag

Het leven van de familie Heemskerk in de Waterloos polder in Oud Ade draait al zes generaties om kaas. Sandra en Klaas, de jongste generatie, hebben zestig koeien die elke dag 1200 liter melk leveren. Dat is goed voor 8 kazen en 20 kilo boter.

Om vijf uur 's ochtends, als de eenden nog met hun snavel tussen de veren zitten te slapen, gaat het licht aan in de kaasmakerij. Het raam schijnt over de polder als een televisie in een donkere kamer.

Met de hand schept Sandra de room van de melk van gisteren die 's nachts heeft staan 'opromen'. De room wordt tot boter gedraaid. Van de melk die overblijft, maakt Sandra Boeren-Leidse kaas.

Bij de afgeroomde melk gaat zuursel en stremsel, daarna wordt de ketel verwarmd tot de melk samenkoekt tot wrongel. Dat duurt een uur. Die tijd gebruikt Sandra om Klaas te wekken en haar zoontje uit bed te halen. De keuken geurt naar komijnzaad dat op het fornuis staat te koken en straks in de kaas moet.

Geen Boeren-Leidse zonder komijn.

Boeren-Leidse is een zuremelksekaas, wat wil zeggen dat, anders dan bij zoetemelkse kazen als de Goudse, de room uit de melk wordt gehaald voor er kaas van wordt gemaakt. Het is dus ook een 'magere' kaas.

Oorspronkelijk was het een bijproduct van de boterproductie. De kaas ging mee op schepen. Sinds een tijdje is de kaas weer in trek. Er zijn nog maar een stuk of vijftien kaasmakers die nog de echte Boeren-Leidse maken.

De wrongel wordt met messen tot pulp gesneden, daarna gaat de komijn erbij en wordt de massa in vormen geschept die onder een pers gaan. Onder de pers - Sandra gebruikt nog een echte oude, houten zakpers - krijgen de kazen het waarmerk van twee gekruiste sleutels.

Na een nachtje in een pekelbad smeert Sandra de kazen in met rode kleurstof, net als de sleutels en de hoekige kanten een kenmerk van de echte Boeren-Leidse, en legt ze op de plank om te rijpen. Zo doen ze het al sinds 1850 in de Waterloos polder. De vraag is hoe lang nog.

LEIDEN
HOLLAND

Le Petit Doruvael

Of je er nu - oer-Hollands - met de kaasschaaf dunne plakjes voor op het brood van schaaft, blokjes van snijdt voor bij de borrel, of al of niet in combinatie met een aantal andere, liefst rauwmelkse, Nederlandse boerenkazen een diner mee afrondt, Le Petit Doruvael is een kaas die je niet gauw zal teleurstellen.

Geproduceerd door de familie Vlooswijk in Montfoort op zuivelboerderij Doruvael is deze kaas zonder meer uniek te noemen, bij mijn weten is dit de enige rauwmelkse roodbacterie-kaas die in ons land wordt gemaakt. Een vol-romige kaas met een compacte structuur in combinatie met een uitgesproken geur en smaak die je eerder bij onze zuiderburen zou verwachten, maar gelukkig zijn er bij ons ook nog kaasboeren die het lef hebben om iets anders dan anderen te creëren.

Het produceren en vermarkten van een rauwmelkse kaas is geen pretje meer. De landelijke en Europese regelgeving maken het de boeren niet bepaald gemakkelijk. Dat er tegenwoordig nog zulke bevlogen kaasmakers zijn als de familie Vlooswijk is een ware zegen voor alle liefhebbers van echte kaas. Want zou de wereld niet een stuk saaier zijn als we alleen nog maar massaal geproduceerd, vlak smakend spul uit de fabriek kunnen krijgen? Het feit dat het exotisch klinkende Doruvael simpelweg staat voor 'Door Ruilverkaveling Van Elders' mag absoluut geen afbreuk doen aan een uitzonderlijk product. Integendeel, ruil-verkaveling heeft gelukkig niet alleen schaalvergroting opgeleverd, maar ook een kaas waar we allemaal trots op mogen zijn: Le Petit Doruvael, boerenzachte!

Le Petit Doruvael
Ad Vlooswijk keurt zijn kaas

Leverworst

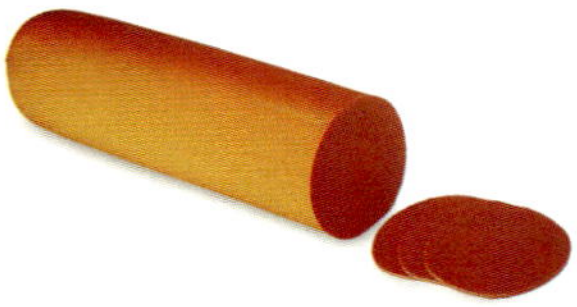

Leverworst
Wikkel voor een blik leverworst, zonder jaar. Museumcollectie Unilever Roterdam

Leerde ze het niet thuis op de boerderij of op de landbouwhuishoudschool, dan leerde de huisvrouw op het platteland de kunst van de verwerking van de huisslacht wel via de kook- en huishoudboeken die tot ver na de Tweede Wereldoorlog verschenen. Want elk boerinnenkookboek bevat gedegen informatie over de slacht en zaken als het zouten, roken en steriliseren van vlees met daarnaast recepten voor het maken van worst. Voor metworst, cervelaatworst en plokworst bijvoorbeeld, worsten van rauw vlees, oftewel rauwe-worstsoorten, en voor kookworsten zoals bloedworst en leverworst.

Anno 2004 komen de ingrediënten voor een gemiddelde boerenworst - zeker voor een gemiddeld gezinnetje - als gigantisch over. Neem leverworst. Daarvoor kookte de boerin zo'n 2,5 kilo varkenslever, –vlees en –spek zachtjes in water met zout gaar. Vervolgens maalde ze het vlees in de vleesmolen fijn. Samen met het kookvocht, ui en kruiden als peper, laurier en (kruid)nagelen en eventueel wat (rogge- boekweit- of aardappel-) meel werd het gekookte vlees tot een stevige, vochtige massa gemengd waarmee de schoongemaakte varkensdarmen werden gevuld. Het resultaat was een slappe worst, die vervolgens in een pan met heet water ging om een tijdje op het vuur te garen. Waarna de worst, om bederf tegen te gaan en de worst te verduurzamen, soms nog door gesmolten reuzel werd gehaald.

Ondanks het goed garen van de ingrediënten en het nagaren van het eindresultaat, bleef leverworst slecht houdbaar. Daarom werd deze van origine boerenworst oorspronkelijk niet verhandeld. Toch ontstonden er in de loop van de tijd in Nederland verschillende provinciale en stadse leverworstsoorten.

Terwijl bij Haagse, Limburgse en Groningse leverworsten spek en ander vet met het vlees worden meegedraaid, zitten er in de Amsterdamse leverworst bijvoorbeeld spekjes, bevat Groningse leverworst kruidnagel en is Limburgse leverworst smeerbaar. Een bijzondere leverworst is de Zeeuwse leverworst. Deze heeft een typische, grijze kleur, bevat geen meel en wordt niet gekookt of nagegaard. Origineel werd deze worst door de boer gemaakt maar sinds de jaren vijftig van de vorige eeuw namen slagers de productie steeds meer over. Tegenwoordig maken nog zo'n twintig Zeeuwse slagers dit streekproduct.

UNOX
LEVER
WORST

Limburgse vlaai

Vlaai langs de weg

In Weert hadden ze vroeger een prima wegrestaurant. Je kwam erlangs als je vanuit Maastricht naar het noorden reed. Als je de andere kant op ging, had je pech. Het restaurant heette Nederweert en was razend populair onder vakantiegangers op hun retour. Ze stonden er in de rij voor de schnitzels, de gebakken aardappels en de meer dan gare boontjes. En ze stonden er in de rij voor de vlaai. Voor een gesneden stuk met koffie, of een hele. Die hele vlaaien bevonden zich in een enorme, gekoelde vitrine. Verpakt in grote kartonnen dozen met een ruitje. Op weg naar de kassa kwam je langs die vlaaien-vitrine. Terwijl je stond te wachten om je schnitzel af te rekenen lagen die vlaaien je daar vanachter hun ruitjes aan te kijken. Uiteindelijk zwichtte iedereen. En bovenop de vlaai voor thuis, lagen er ook twee voor oma en de buren die de plantjes hadden bewaterd.

De Limburgers horen het niet graag, maar de vlaai is waarschijnlijk geboren in Duitsland. Vlak over de grens, waar net als in Limburg seizoensvruchten ruim voorhanden zijn. In de geschiedenis van de Duitse bakkunst komt de flado voor, wat 'offerkoek' betekent. De flado moest de vruchtbaarheid van de akkers en boomgaarden bevorderen. Wie de rijstevlaai heeft uitgevonden is niet duidelijk. Bekend is dat in bepaalde plaatsen in Limburg rijstevlaai werd gegeten aan het einde van de vasten-tijd, rond Pasen. Het was een dure vlaaiensoort die alleen voor bijzondere gelegenheden werd gebakken.

Tegenwoordig wordt vlaai het hele jaar door en in heel Nederland gegeten. Sinds de firma Multivlaai zich over de grote steden heeft verspreid, hoef je voor een Limburgse vlaai niet meer naar Limburg. Ook niet naar Nederweert overigens. Daar is het vlaaienwegrestaurant overgenomen door AC. De enige vlaai die ze daar serveren, is een zuinig puntje uit de vriezer.

Limburgse vlaai
Etalage van Patisserie Royale in Maastricht, foto Chris Keulen/Hollandse Hoogte, 2000

Citroen

Maggiplant

Vraag: waarom neemt een Belg altijd een flesje maggi mee in de auto?
Antwoord: voor als de motor in de soep loopt.
(Mop waarop talloze voor de hand liggende varianten bestaan)

Bestaat het nog, het vierzijdige, enigszins trapeziumvormige flesje met lange hals en gele, plastic tuitdop, dat tot diep in de jaren zeventig op geen enkele eettafel ontbrak, in zijn eigen roestvrij stalen houder? Heeft het, na de culirevolutie, nog bestaansrecht naast de truffelolie, tacosalsa en harissa?

Om het donkerbruine, naar gist geurende vocht eruit te schudden, moest je eerst het bovenste eindje van de schenktuit afknippen. Naast de nootmuskaat, de kruidnagel en de kaneel, gold het als een volwaardige, op zichzelf staande specerij. De nootmuskaat, in zijn raspje met notencompartiment, was voor op de sperziebonen (alleen op zondag) en de bloemkool, de kruidnagelen voor in de hachee, de kaneel voor op de witte rijst met suiker en de maggi voor in de soep (met balletjes). In het woordenboek wordt maggi gegeven als synoniem voor aroma (een mengsel van stoffen dat zorgt voor een smaak-geur impressie).

Mijn eerste kennismaking met een welig tierende maggiplant (*Levisticum officinale*) had een sterk Proustiaans effect: hij geurde en smaakte naar de soep van weleer. Het is het enige voorbeeld dat ik ken waarbij een plant naar een saus wordt genoemd, en niet andersom. Na wat speurwerk in oude kruidenboeken blijkt hij evenveel bijnamen als deugden te bezitten: van deze lubbestok, leverstok, manskruid, processieplant of reuzenpeterselie werden in vroeger tijden zowel de wortel als de stengels en de zaadjes culinair en medicinaal toegepast. De holle stengels gebruikte men als rietje om warme melk of een andere warme drank mee op te zuigen, waarbij de geneeskrachtige stoffen in de lavas vrijkwamen en keel- en maagpijn verlichtten. De Engelse en Duitse namen van de plant, lovage en Liebestöckl en ons manskruid zijn een indicatie dat hij werd gebruikt om een minnedrank van te maken.

Een bezoek aan de supermarkt beantwoordt mijn vraag: het flesje bestaat nog wel degelijk, in een iets groter formaat en iets andere vorm (de tuit tenminste) dan ik in mijn geheugen had. 'De enige echte' staat op het bekende rood met gele etiket. Gauw kijken wat de bestanddelen zijn: biologisch gehydroliseerd plantaardig eiwit, smaakversterker, zout, gistextract, dextrose, aroma. Gelukkig wordt maggiplant (lavas) niet genoemd; zo'n prachtplant hoort beslist niet in dat rijtje thuis.

Maggiplant
Lavas, tekening Rein Dool, 2004

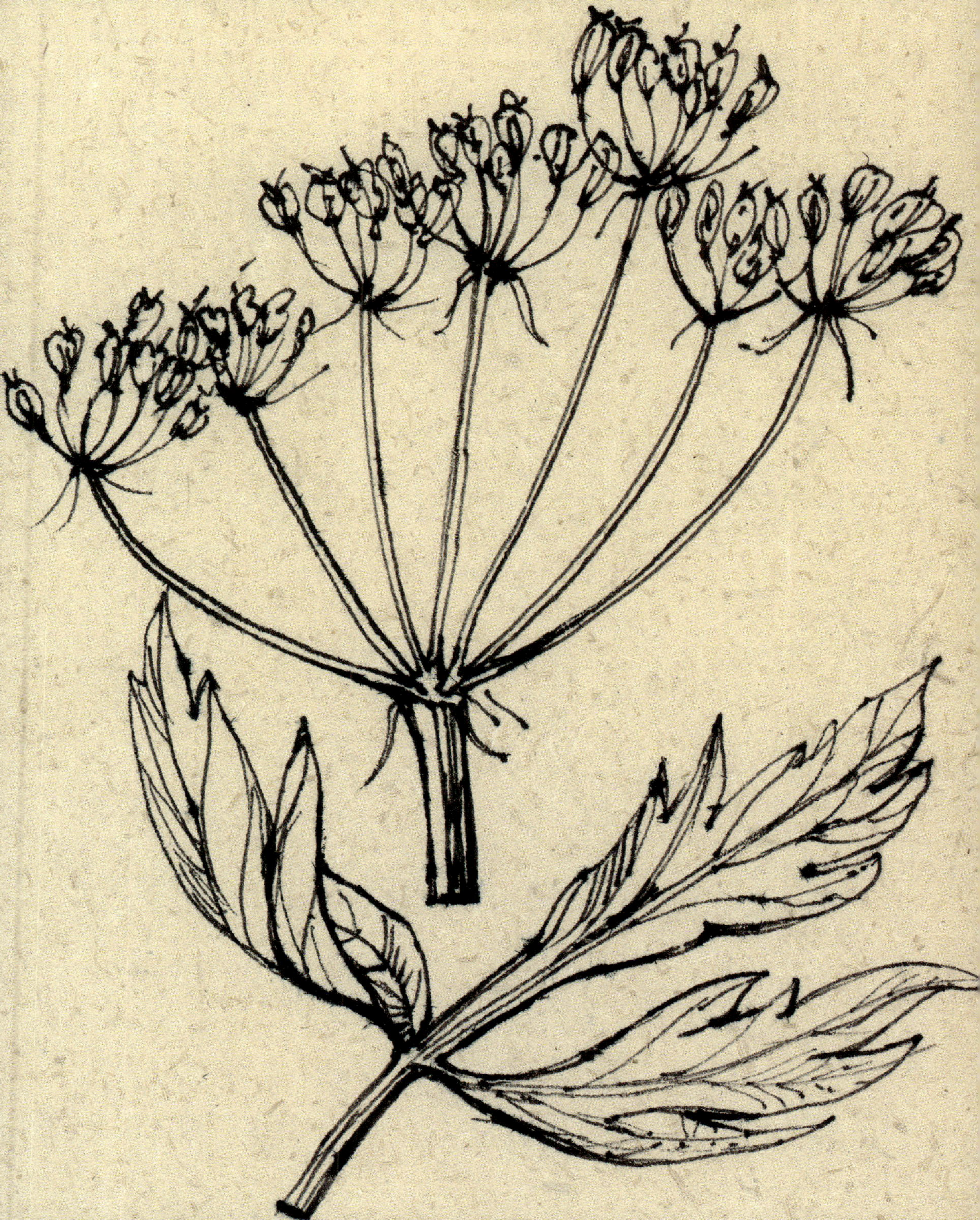

Makreel

Makreel
Foto Philip Mechanicus, 1996

De makreel is een prachtige vis met een zebra-achtig lijnenspel. De metaalachtige rugkleur en de zilveren buik met een gouden gloed hebben niet direct de associatie met een zwemmende vetbal maar geven de makreel een poëtische schoonheid. Net als zijn grote achterneef, de tonijn, weet de makreel van wanten. Hij houdt van een stevig robbertje vechten, is een uitstekende jager, heeft een enorm uithoudingsvermogen, leeft in grote scholen en is vanaf de Hollandse kust te vangen, zij het slechts vanaf stekken die aan diep water grenzen of vanaf pieren die tot ver in zee reiken. Bovendien hoef je niet in het bezit te zijn van duur aas of engelengeduld; een blanke haak in een school hongerige makrelen is voldoende voor een prima vangst.

Verreweg de meeste makreel wordt van juni tot september in onze kustwateren gevangen. De Noordzee en Waddenzee maar ook de Ooster- en Westerschelde en Eemsmond zijn stekkies waar de makreel zich als zomervis graag ophoudt. Daar doet hij zich tegoed aan prooivissen als sprot, bliek en zandspiering. Geraffineerd omsingelen de makrelen dergelijke prooivissen om ze vervolgens met veel kabaal te verorberen.

Eenmaal in bezit van een makreel, zelf gevangen of ongegut (met ingewanden, dus supervers en zo stijf als een plank) aangeschaft, kun je met zijn vette vlees alle kanten op. Favoriet is rauw gemarineerd: zo'n 4 uur in limoensap en limoenrasp, sinaasappelrasp, verse gember, fruitige olijfolie, szechuanpeper en zeezout. Flinterdun snijden en presenteren met een confituur van zoetzure zilveruitjes en teentjes verse knoflook.

Je kunt makreel ook goed roken. Gebruik wel houtmot waaraan niets is toegevoegd. Wees er matig mee, evenals met de warmte. Door te veel houtmot krijgt de vis een te rokerige smaak en kan bitter worden. Rook niet te lang, dat maakt de vis droog. Check de gaarheid af en toe. Gebruik kleine makrelen, was ze vanbinnen en vanbuiten en dep ze goed droog. Bestrijk het rooster met olie en leg de vissen erop. Zet de rookoven op de warmtebron (een gaspit of barbecue bijvoorbeeld), sluit het deksel voor tweederde en wacht tot zich rook gaat ontwikkelen. Sluit dan het deksel helemaal en rook de makrelen 30-35 minuten. Het lekkerste is om ze te eten als ze nog warm zijn, met een pittige kruidensalade en versgeraspte mierikswortel met zure room.

Margarine

Margarine of kunstboter?

Margarine
Reclamefoto voor het margarinemerk Zeeuws Meisje ('geen cent teveel, hoor!'), zonder jaar. Museumcollectie Unilever Roterdam

Iedereen weet wel dat veel vet niet goed is voor ons lichaam. Maar je hebt vet én vet. De slechte vetten zijn verstopt in koekjes, taart, chips en allerlei andere lekkernijen. Andere vetten hebben we echter nodig om onze spijsvertering optimaal te laten functioneren, maar ook vanwege de in vet oplosbare vitamines die we als bouwstoffen nodig hebben.

Vroeger (in 1900) was dat niet anders, alleen was er toen boter – roomboter, want dat alleen is boter. Boter bestaat uit dierlijke vetten, ook al eet een koe gras. Melk en boter zullen nooit plantaardig worden. Vroeger leverden de mensen veel zware lichamelijke arbeid en alle vetten werden optimaal verbrand. De industrialisatie veranderde ons eetgedrag onomkeerbaar. In de tweede helft van de negentiende eeuw werd de vraag naar een beter te bewaren vetsmeersel steeds groter. Met name voor de soldaten aan het front was boter of rundvet een belangrijke voedingsbron. In 1869 werd margarine uitgevonden, door de scheikundige Mége Mouriés. Hij had van Napoleon III opdracht gekregen een goed houdbaar alternatief voor boter te ontwikkelen. Mouriés ontdekte dat onder invloed van temperatuur de structuur van vet veranderde. Als je gesmolten rundervet heel langzaam liet afkoelen, ontstond daaruit een koek van hard vet en een hoeveelheid zacht vet. Als het zachte vet stolde, kreeg het een parelachtige glans. De naam voor dit vet, (oleo)margarine, werd gevonden in het Griekse woord voor parel, 'margarites'.

Mége Mouriés ging verder met zijn ontwikkeling en mengde een soort karnemelk door het zachte vet. Door veel te kneden en daarna voor een snelle afkoeling te zorgen ontstond er een mooie, smeerbare emulsie die smakelijk was én lang houdbaar bleef. Bij de margarines van nu hebben we het altijd over plantaardige vetten. Er zijn tegenwoordig zelfs vloeibare producten die nog beter voor ons zouden zijn. Ook deze smaak van de 'kunstboter' is zeker niet meer het 'wagensmeer' van weleer.

zeeuws meisje
't is lekkerder en het blijft goedkoper!

Meikaas

Pril als de lente en zo oud als Methusalem. Dat is meikaas. Een jonge kaas van volle koemelk. Zacht brokkelig maar vormhoudend, egaal wit, vochtig en lichtzuur van smaak. Witte meikaas, ook wel Witte Holland of Natte Rabbinale genoemd, is een van de oudste kaassoorten die Nederland rijk is. Een kwetsbare rijkdom, al drie generaties lang in stand gehouden door een familie uit Utrecht. Dirk Eikelenboom is de enige producent ter wereld van deze traditionele boerenkaas. Hij produceert 16.000 kazen per jaar.

Meikaas leent zich door zijn eenvoudige samenstelling bij uitstek voor koosjere bereiding. De korte tijd tussen productie en consumptie biedt weinig ruimte aan onreinheid. Aan de gepasteuriseerde melk wordt kunstmatig stremsel toegevoegd, waarna de wrongel grof wordt gesneden en voorzichtig geroerd. De wrongel wordt kort geperst en gepekeld, maar niet opgelegd. Het resultaat is een heel jonge kaas die slechts tien dagen houdbaar is.

Voor koosjere meikaas bestaan religieuze reinigingsvoorschriften. Vroeger werden alle kaaswerktuigen met kokend water overgoten. Het houten vaatwerk was voorzien van Hebreeuwse letters en mocht alleen voor onder toezicht geproduceerde kaas worden gebruikt. Tegenwoordig zijn de regels iets minder streng. Maar nog altijd wordt het stremsel door een rabbijn persoonlijk aan de melk toegevoegd. De wrongel krijgt een rabbinaal stempel dat achter slot en grendel bewaard wordt. De koosjere kazen van boer Eikelenboom vinden gretig aftrek bij de joodse gemeenschap van Amsterdam.

Wie echte Nederlandse meikaas wil proeven en het geluk heeft een stukje te bemachtigen, doet dat het beste zo puur mogelijk. Op een broodje bijvoorbeeld, met een tomaatje, wat bieslook en versgemalen peper. Niettemin maakt de fris-zure neutrale smaak de kaas ook heel geschikt om mee te koken. Veel joodse recepten schrijven witte kazen voor. Afhankelijk van de oorsprong van een gerecht kan dat bijvoorbeeld Italiaanse mozzarella, Cypriotische halloumi, Indiase panir of Hollandse meikaas zijn. Deze zachte, jonge kazen hebben elk hun eigen typische smaak en karakter. En het unieke karakter van meikaas verdient het om behouden te blijven.

Meikaas
Instructien voor den Rabbinalen opzichter bij de kaasbereiding Amsterdam, 1923. Brochure uit de collectie van het Joods Historisch Museum, Amsterdam

Hoorn. L. v. C. Schey

INSTRUCTIËN

VOOR DEN

Rabbinalen Opzichter

BIJ DE

Kaasbereiding

JOACHIMSTHAL'S STOOMDRUKKERIJ

Melk

Melk
Bewerking van het stilleven uit 1635 van Willem Claesz. Heda (1594-ca. 1680) voor de reclamecampagne 'Wegens verbouwing geopend', concept Skipintro, Hans van Dijk en Yacco Vijn, beeldbewerking Mont Blanc, Ronald ter Voort, in opdracht van het Rijksmuseum, Amsterdam, 2003-2004

Gedegradeerd tot bloembak of paraplustandaard, zo kom je af en toe nog eens een melkbus tegen. Het in messing uitgevoerde nummer mooi opgepoetst en als je goed kijkt, ontdek je tussen de Hindelooper beschildering de naam van de fabriek waar de melk, die eens in deze bus zat, naartoe moest om te worden verwerkt. Blank geschuurd door een boerin met volle armen en rode handen stonden ze naast de boerderij op de spoelplaats in het gelid. Tegen melktijd werden ze naar de stal getransporteerd waar tijdens het melken de geur van koeienstront en stro zich vermengde met de ietwat weeïge warme geur van verse melk. De boer leegde de ene na de andere emmer schuimend vocht in een teems waarin een dik vloeipapier tussen twee zeefjes lag, om eventuele ongerechtigheden eruit te filteren. En niets was lekkerder dan deze verse melk te drinken uit het deksel van de melkbus, gewoon tussen de koeien waaruit deze lekkernij kwam.

Maar de koeien zijn ondertussen allang geslacht en tot gehakt gedraaid en de melkende boer is een foto geworden die op de schoorsteenmantel in de kamer van zijn kleinzoon staat. Naast de oude boerderij is een ligboxenstal gebouwd met een volautomatische melkrobot, die de melk van uit de koe rechtstreeks door roestvrijstalen pijpen in een grote tank pompt. De boerende kleinzoon staat met witte laarzen aan zijn voeten, een lange witte jas om de schouders en een haarkapje op zijn hoofd te kijken naar de controleglaasjes waarachter de melk stroomt. De betegelde ruimte waar de koeien gemolken worden ruikt naar ontsmettingsmiddel. Twee keer per week komt er een tankauto die de melk met grote slangen opslurpt, om deze naar de fabriek te brengen. Zelf weet de boer niet hoe zijn melk smaakt. Zijn vrouw doet immers boodschappen in de dorpssupermarkt en laadt het karretje vol met pakken drinkyoghurt, bekertjes magere kwark en halfvolle gesteriliseerde, houdbare melk. Haar zoontjes hebben haar te kennen gegeven later ook boer te willen worden. Dus moeten ze veel zuivel eten, dat maakt ze groot en sterk.

volle
melk

Metworst

Metworst
Ieder jaar strijden in Boxmeer de leden van Vereniging van tijdelijk jonggezellen 'De Metworst' om de titel Koning van de Metworst in de gelijknamige paardenrace. De kampioen van 2004, Peter Nabbe, heeft om zijn hals geen metworst maar een verse worst hangen.
Foto Hans Theunissen, 2004

Tot eind jaren vijftig van de vorige eeuw was het voor agrarisch Nederland eerder regel dan uitzondering zo rond de slachtmaand november een varken te slachten. Dat gebeurde door de boer zelf, of in het slachthuis, waarna het (scharrel-) varken ontdaan van zijn organen, terugkwam. Ook werd het varken precies op de ruggengraat doormidden gezaagd. Terug op de boerderij werd het aan zijn achterpoten een nacht aan de ladder opgehangen om het vlees te laten besterven.

De volgende dag rukte de hele familie uit om te helpen bij de verdere verwerking van het vlees, dat door boer zelf of een slager zo werd uitgebeend als de boerin het wenste. Van de kleine stukjes vlees, minder mooie stukken en de nek die bij dit zogenaamde afhouwen overbleven, werd onder andere worst gemaakt. Boerenworst, oftewel metworst. Terwijl mannen bij het slachten het grovere werk voor hun rekening namen, waren vrouwen verantwoordelijk voor het fijnere werk als steriliseren, inmaken en pekelen. Ook worst maken was vrouwenwerk, net zoals het schoonmaken van de meterslange varkensdarm. Die werd binnenste buiten gekeerd, van de varkensstront ontdaan, met een speciaal houten mesje afgeschraapt en bij het bleekgat (waterpoel, stromend water ontbrak in de regel) uitgespoeld. De darm werd bewaard in een potje met zout water.

Het vlees dat in de vleesmolen tot 'met' werd vermalen, werd op smaak gebracht met flinke hoeveelheden zout en kruiden als peper en kruidnagel. Als het resultaat was goedgekeurd, ging het vleesmengsel met behulp van een vleestuit (worsthoorntje) de dunne varkensdarm in, om met een paktouwtje te worden afgebonden. Daarna werd de metworst in een sloop - dit ter bescherming tegen vliegen en ander ongedierte - aan een stok in de fiem (aan de balken tussen het fornuis en de melkkamer) opgehangen. Eigenlijk om te drogen. Maar omdat ze vers in de stampot lekkerder smaakte dan gedroogd, kreeg metworst meestal niet de tijd om te drogen.

Vanwege de naoorlogse modernisering, het oprukken van de koel- en vrieskast, werd de arbeidsintensieve thuisslacht verboden, waarmee de originele boerenmetworst in feite verdween. Toch blijft het maken van dit type rauwe worst populair bij veel worstenmakers.

Molsla

Wat mooi is wordt gekweekt, wat lelijk is verdelgd. Het is een rechtsorde volgens het beginsel van de etnische zuivering. Onkruid, mooi of niet, valt in de siertuin aan verdelging ten prooi. De paardebloem, 'mooi in het wild', is in de siertuin ten dode opgeschreven.
H.J.A. Hofland

Het gaat hier niet over een nieuwe manier om een plaag in de tuin met geweld te bestrijden, maar over een ouderwetse lekkernij, een gewas dat de ultieme uitdaging is voor de uitdrukking 'van de nood een deugd maken'. Een wildplukker is vandaag de dag constant bezig een pleidooi te houden voor verdwenen producten, met de ijver, motivatie en inzet van een missionaris.

Zie je in andere landen in het vroege voorjaar de perken, weilanden en tuinen wemelen van zich bukkende en in de aarde wroetende mensen die pissenlits, Löwenzahn of dandelion plukken, bij ons komt de paardebloem (*Taraxacum officinale*) tegenwoordig noch op de markt noch op tafel; toch kun je van de in molshopen op een natuurlijke manier (of bij gebrek aan mollen onder een bloempot) gebleekte bladeren zo'n beetje het hele jaar door gratis een lekkere en voedzame salade maken. Omdat de paardebloem hoogstwaarschijnlijk een van de bittere kruiden uit de Bijbel was (de plant groeit werkelijk overal, van de woestijn tot de hoogste alp), wordt hij, samen met ongezuurd brood en mierikswortel, nog wel opgediend tijdens de seider, het rituele paasmaal van een joods gezin.

De hele plant is eetbaar; van de bloemen kun je een heerlijke limonade of wijn maken, van de wortel wordt 'koffie' en medicijn gemaakt en de bladrozetten smeken om uitgebakken spekjes.

Molsla is het product van de samenwerking tussen mens en dier; wat jammer dat we mollen niet, op dezelfde manier als truffelvarkens, kunnen africhten om hun snuit alleen boven de grond te steken waar een paardebloem groeit!

Molsla
Molsla, tekening Rein Dool, 2004

Mossel

Mosselen zijn vreemde wezens en misschien wel de meest misdeelde dieren van de natuur. Ze kunnen niet lopen en brengen hun leven slapend door. Hun enige activiteit is het openen van de schelp om grote hoeveelheden water tot zich te nemen en zich zo van voedsel te voorzien. Ze hebben geen hoofd en kunnen dus niet zien, niet horen en niet ruiken. Of ze kunnen voelen? Dat willen we niet weten. We moeten ze namelijk zelf doden door ze te koken of direct levend verslinden. In het laatste geval hebben we het over de moules parquées (geparkeerde mossel): rauwe mosselen, geserveerd met citroen en peper of met mosterdvinaigrette. Dit is alleen voor de echte waaghalzen onder ons, want zelfs als ze gekookt zijn, zijn we bang voor die ene mossel waar je doodziek van kunt worden. In mijn vriendenkring is de uitspraak 'ik heb een verkeerde mossel gegeten' zelfs synoniem voor een stevige kater.

Tegenwoordig worden er bijna alleen nog maar gekweekte mosselen verkocht. Vanwege de uitgekiende kweek- en handeltechnieken kunnen we nu ook buiten de maanden met een 'r' in de naam mosselen krijgen. Daarbij is de Nederlandse methode om mosselen te vangen een van de modernste ter wereld. De controle is groot en de kans op een verkeerde mossel uiterst klein.

Hoe dan ook: het blijft van levensbelang om verkeerde mosselen voor en tijdens het bereiden te herkennen. Tegenwoordig zijn de mosselen in de handel bijna altijd gewassen. Zit er toch nog zand in de schelpen, leg ze dan een paar uur in water met een goede schep zout, de mosselen zuiveren zichzelf. Haal daarna de kapotte en de open schelpen eruit. Controleer dan de mosselen die een beetje openstaan; druk de schelpen zachtjes tegen elkaar. Trekt de mossel dicht, dan is zij gezond, gaat ze meteen weer open: weg ermee! Dan zijn er nog mosselen die na het koken dicht blijven. Wil je het zekere voor het onzekere nemen, dan haal je ook deze eruit. Wees gerust, er blijven er nog meer dan genoeg over.

Mossel
Mosselvangst in Yrseke,
foto Philip Mechanicus, 1998

Mosterd

Een van de oudst bekende condimenten is mosterd. Mensen hebben altijd al de behoefte gevoeld om hun eigen mond te pesten met branderige stoffen. Op de archeologische vindplaatsen van meernederzettingen in Zwitserland is mosterdzaad gevonden en Herodotus noemt het kweken van mosterdplanten in zijn *Historiën* (vijfde eeuw voor Christus). Mosterd kan gemaakt worden van zaad van drie verschillende planten. Twee daarvan zijn Europees, de *Sinapis alba*, met lichtgekleurd of geel zaad, en de *Brassica nigra*, met bruinzwart zaad. Die laatste is echter machinaal slecht te oogsten, zodat tegenwoordig de van oorsprong Aziatische *Brassica juncea* zijn plaats heeft ingenomen. Geel mosterdzaad is betrekkelijk mild, donker is scherp. Maar dat geldt alleen onder de juiste condities. Let op: maak het zaad stuk, maal het en wrijf het fijn. De pikante smaak begint zich te ontwikkelen; na een minuut of tien is het effect het grootst, daarna neemt het weer af. Wanneer je juist na die tien minuten een zuur toevoegt, stabiliseer je de scherpte. Tegenwoordig neemt men azijn, vroeger ook vaak verjus, het sap van onrijpe druiven.

Het hele proces kan bezichtigd worden in Doesburg, waar mosterd (en de noodzakelijke azijn) voor je ogen wordt gemaakt. Je kunt ook het mosterdzaad helemaal niet stukmaken, zoals in Frankrijk populair is. De mosterd wordt dan zeer mild. Maar Nederlanders blieven mosterd die én gemalen en gezeefd is, glad dus, en niet pittig. Het resultaat noemen we dan Franse mosterd, je krijgt het in portieverpakking bij je kroket. Waarom kiezen we niet voor een van de kleine, gedegen mosterdfabrikanten in het land, zoals de al genoemde Doesburgse mosterdfabriek, Abrahams Mosterdmakerij in Eenrum, Groningen, Tons Mosterdmakerij in Zundert en de Zaanse mosterd van Mosterdmolen De Huisman op de Zaanse Schans?

Mosterd
Van links naar rechts en van boven naar beneden: zwart en geel mosterdzaad, mosterdpoeder, mosterd van de Doesburgse Mosterd- en azijnfabriek, Maastrichtse Kruidenmosterd van Adriaan en Hollandse Mosterd van Van Marne, foto David van Dijk, 2004

Muisjes

Waarom een muisje een 'muisje' heet? Waarschijnlijk omdat muizen, door hun snelle voortplanting, symbool staan voor vruchtbaarheid.

Bij de geboorte van prinses Amalia waren ze opeens oranje, maar een echte beschuit met muisjes is roze met wit bij de geboorte van een meisje en blauw met wit bij de geboorte van een jongetje. Een eeuwenoud gebruik waar niet aan te tornen valt. Al in de Middeleeuwen was het gebruikelijk dat de moeder en de kraamvisite getrakteerd werden op iets lekkers. De geboorte van een kind werd uitgebreid gevierd en daarbij werd de hele omgeving van de kraamvrouw betrokken. Gezien de omstandigheden van toen was het niet ondenkbeeldig dat zowel moeder als kind het kraambed niet overleefden. Een gezond kind moest dan ook flink gevierd worden. De kinderen kregen een suikerbol of een boterham met suiker, die het nieuwe kindje zogenaamd had meegebracht:

Broertje (of zusje) heeft suiker in de Luyeren geleid,
broertje is zoet, hy heeft beentjes en armpjes, geeft
broertje een zoentje, hy zal u suiker geeven.
(uit een gedichtje uit 1773)

Aan anijs worden van oudsher geneeskrachtige eigenschappen toegeschreven. Het werd gebruikt bij de bereiding van voedsel, drank en geneesmiddelen. In 1668 werd erover geschreven: 'Anijs, en voornamenlijk het zaet, verwarmt in den tweeden, en verdrooght in den eersten graet, breekt winden, verwekt den urijn, vermeerdert melk in der vrouwen borsten, ruymt de borst, opent de verstopte lever en milt, en in wijn gezoden, drijft het sweet uyt.' Anijs zou dus goed zijn voor de moedermelk.

Om de echte muisjes te verkrijgen wordt anijszaad in grote koperen ketels gedaan en rondgedraaid. Tijdens het draaien worden de zaden beurtelings besproeid met suikerwater en poedersuiker. Het suikerwater zorgt ervoor dat de poedersuiker blijft plakken. Door een hoge temperatuur verdampt het water waardoor de suiker achterblijft. Zo ontstaat een suikerlaagje. Dit proces wordt een aantal keren herhaald totdat het suikerjasje dik genoeg is. Vervolgens worden de muisjes in droge ketels rondgedraaid. Door dit draaien slijpen en polijsten de korrels elkaar en gaan ze glanzen. Tot slot gaan de muisjes een droogkamer in waar het suikerlaagje hard en krokant wordt.

Muisjes
In de overzeese gebieden worden kinderen getrakteerd op beschuit met muisjes vanwege de geboorte van Prins Maurits, de eerste zoon van Prinses Margriet en mr. Pieter van Vollenhoven, foto ANP, 1968, collectie Nationaal Archief Den Haag

Munt

Lang geleden, toen onze wereld bevolkt werd door goden, godinnen en mythische wezens van lagere orde, leefde er een nimf genaamd Minthe. Zij was jong en mooi en haar schoonheid bleef niet onopgemerkt. Met haar verleidelijke wezen stal zij het hart van Hades, heerser der onderwereld. Minthe werd Hades' minnares en haalde zich hiermee de woede van diens vrouw Persephone op de hals. De jaloerse godin vertrapte Minthe en veranderde haar in een plant. 'Opgeruimd staat netjes', moet zij gedacht hebben, 'daar hebben we geen last meer van.' Maar dat valt nog te bezien. Want munt, het gewas waaraan de nimf haar naam gaf, is een bijzonder groeikrachtige plant. Alle soorten *Mentha*, zoals de Latijnse naam luidt, bezitten een overweldigende expansiedrift. De planten vermeerderen zich via lange, onderaards kruipende uitlopers. Zijn ze op zoek naar hun geliefde Hades?

Er bestaan meer dan twintig soorten munt en daarnaast vele kruisingen. Deze planten, uit de Familie der lipbloemigen, hebben een aantal eigenschappen gemeen. Ze zijn te herkennen aan een vierkante stengel, tegenover elkaar geplaatste bladeren en een krans- of trosvormige bloei. Munt bloeit in de zomer met bloemetjes die variëren van licht-lila tot donkerpaars. Alle delen van de plant bezitten, wanneer ze gekneusd worden, een karakteristieke, sterk prikkelende geur. In Nederland groeien verscheidene muntsoorten in het wild. Watermunt (*M. aquatica*) is te vinden langs waterkanten en in vochtige bossen. Polei (*M. pulegium*) houdt eveneens van nattigheid en groeit aan de oevers van de Maas.

Voor culinaire doeleinden is groene munt (*M. spicata*) het geschiktst. Hoewel munt als keukenkruid al bij de Romeinen in zwang was, is het in Oudhollandse kookboeken nauwelijks terug te vinden. Hooguit mochten enkele blaadjes kruizemunt (*M. crispata*) meedoen in de 'voorjaarskruudmoes'. Nog steeds is munt in de traditionele Nederlandse keuken een verschoppeling. Haar trieste lot culmineert in de eenzame garnering op toetjes waartoe zij veroordeeld is. Terwijl ze met haar frisse karakter een pan nieuwe aardappels, een bord linzen of een komkommersalade kan omtoveren tot godenspijs.

Munt
Marokkaanse muntthee in de schooltuin, foto Gina Kranendonk, 2004

Naegelholt

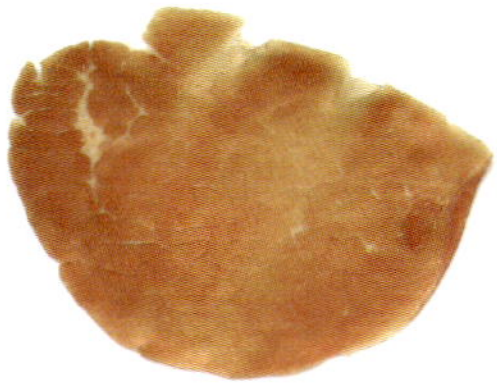

Ooit werd naegelholt ook in het hoge noorden gemaakt maar tegenwoordig vooral door slagers in de Achterhoek, Salland, Twente, Drenthe en in het noorden en oosten van de Veluwe. Die wilden deze authentieke specialiteit bewaren en hebben een aantal jaren geleden zelfs een vereniging voor Nedersaksisch Naegelholt opgericht. Met 400 à 500 kilo slachtgewicht zijn runderen tegenwoordig dubbel zo zwaar als, pak hem beet, voor de Tweede Wereldoorlog. Nedersaksisch Naegelholt wordt gemaakt van vlees van de achtervoet van een maximaal vier jaar oud Nederlands rund met een kleine tand.

Naegelholt
Foto David van Dijk, 2004

Het naegelholt is een balk met spijkers of houten pennen. In verschillende Oost-Nederlandse dialecten is een naegel een spijker en holt betekent hout. Maar naegelholt is ook luchtgedroogd 'spijkerhard' rundvlees, dat aan een spijker in de 'wieme' (droogruimte op de boerderij) hing om te drogen.
Een oer-Hollandse regionale specialiteit van ongerookt gezouten rookvlees, dat in dunne plakjes op een snee stoet (brood) werd gegeten. Niet elke dag, en niet door iedereen. Want niet elke boer in vooroorlogs Nederland kon zich deze regionale specialiteit, zeg maar delicatesse, veroorloven.

In zijn boek *Traditionele streekproducten - Gastronomisch erfgoed van Nederland* uit 1998 schrijft Hielke van der Meulen dat naegelholt gemaakt wordt van de muis (langgerekte bilspier) van het rund. Volgens Van der Meulen bestaan er twee types naegelholt, namelijk gerookt en ongerookt. Janny de Moor vertelt in haar boek *Regionale lekkernijen uit heel Nederland* dat naegelholt gemaakt wordt van een mooi stukje rundvlees van de achtervoet. Ooit was het misschien lichtgerookt - ook omdat de wieme vaak naast het vuur lag - maar tegenwoordig is het ongerookt, schrijft De Moor. En ten slotte: volgens Slager Roetgering uit het Twentse Enter wordt het gemaakt van een spierstuk van de knieschijf, ook wel botje genaamd en vandaar dat het ook wel als 'botjes naegelholt' door het leven ging. Roetgering is een van de weinige slagers in Nederland die zelf naegelholt maakt. Volgens hem kun je naegelholt het beste vergelijken met ongerookt, zout rookvlees. Verder is het streekproduct naegelholt een seizoensproduct.
Ook al wordt naegelholt het hele jaar door gemaakt, Roetgering zelf maakt zijn naegelholt meestal in de slachtmaand november. Hij zet het vlees twee à drie weken in zout en hangt het vervolgens twee à drie maanden in een droogruimte. Daar droogt het vlees zo geleidelijk mogelijk en krijgt het geen harde rand. Het vocht gaat weg en het zout blijft, wat het vlees zouter maakt dan rookvlees. Vanwege alle vochtverlies is dit ambachtelijke Oudhollandse broodbeleg ook een flink stuk duurder dan rookvlees. Wellicht staat het daarom steeds vaker als voorafje op de menukaart van het betere restaurant en is het al in hoofdstedelijke delicatessenwinkels gesignaleerd.

Nagelkaas

De historische Friese kaas, ook bereid in het aanpalende Groninger Westerkwartier, bevat per kilogram 9 gram komijn en slechts 1 gram kruidnagel. Toch heeft het lang geduurd voor ik nagelkaas at. Als kind hield ik me verre van kaas waarin kennelijk vuile nagels verzeild waren geraakt... Pas toen mijn oma haar broodje nagelkaas bleek te overleven zonder in harde onderdeeltjes te stikken, gaf ik deze kaas het voordeel van de twijfel. Later leerde ik dat je 'nagel' zei vanwege de spijkervorm van de specerij.

Volvette Goudse kaas 'kan de evenaar niet passeren', luidt het gezegde, maar de kaas uit Fryslân wél. Het komt omdat komijn en kruidnagel een prachtige conserverende werking hebben, maar ook omdat deze kaas van oudsher werd bereid uit afgeroomde, aangezuurde melk, soms zelfs met een deel minder vette schapen- of karnemelk. Bovendien ligt vooral de Friese veel langer onder de pers dan alle andere kazen. In vaktermen levert dit alles zuremelkse kaas op met weinig 'smedig'(kneedbaar) zuivel. Met minder vet, voorgerijpt en behept met een hoger eiwit- en kalkgehalte zeilden de kazen de equator voorbij zonder in een zweetbad of schimmel uit te breken, en boden zeelui varend onder de koperen ploert de smaak van thuis. Wel een smaak bereid met een schat uit de Oost: de onvervangbare kruidnagel.

Een bruine boterham met nagelkaas en roggebrood of een beschuit erop heet in Friesland flau-byt, een hapje dat de boer nog even gaande hield als hij rond vijf uur de koeien ging melken. De meest authentieke nagelkaas is een oude van 20+ die, meer dan de ook gangbare 40+, de sterk afgeroomde kaassmaak van vroeger benadert. Anders dan bij standaardsoorten wordt bij nagelkaas de wrongel al gezouten. Je komt af en toe een kaas met louter nagels tegen, maar 'gemengde', met komijn, is algemener. De Friezen noemen hun kaas ook wel kanterkaas. Uit een tolbewijs van Hanzestad Kampen blijkt dat ze hun 'cantercaes' al in 1532 naar Duitsland vervoerden. Beide termen genieten nu een welverdiende BOB, een beschermde oorsprongsbenaming, en gelukkig vind je brokkelige oude nagelkaas tegenwoordig ook weer op de betere restaurantkaart: een terechte herwaardering.

Nagelkaas
Illustratie Rhonald Blommestijn, 2001

Oester

De Amsterdamse oestersalon Van Laar was aan het eind van de negentiende eeuw de chicste van de stad. Van Laars eetzalen waren tot 1895 alleen te bereiken via de viswinkel aan het begin van de Kalverstraat, vlakbij de Dam. In dat jaar verdween de vloer van de viswinkel onder een dik tapijt en werd ook deze ruimte een restaurantzaal met veel eikenhout, met leer overtrokken stoelen en marmeren tafels.

De toon was duidelijk: oesters waren een luxe. Wij vinden dat nu vanzelfsprekend, maar dat was het toen absoluut niet. In 1897 werden de oesters bij Van Laar per dozijn besteld voor een bedrag tussen de *f* 1,00 en *f* 1,50. Maar wie in 1859 aanschoof aan een eenvoudig tafeltje bij In den Oesterput in de Warmoesstraat, kreeg voor *f* 1,30 honderd Zeeuwse, voor *f* 1,50 honderd Texelse en voor *f* 3,50 honderd koroesters (enorme Zeeuwse oesters). Omgerekend naar het heden was *f* 1,00 in 1859 gelijk aan € 8,73, en in 1897 € 11,18 waard. We kunnen dus spreken van een dramatische stijging van de oesterprijs. Deze was het gevolg van een ongekende achteruitgang van het aantal oesters. Talloze onderzoeken werden verricht om de reden daarvan te achterhalen. Overbevissing, vervuiling en ziekten werden als de boosdoeners aangewezen. Het gevolg was dat er een einde kwam aan de oester als volksvoedsel. Voor het volk bleef de mossel, voor nog geen tiende van de prijs.

Eind negentiende eeuw dronk men nog pale ale of stout bij oesters, maar de verschuiving naar witte wijn en champagne was al wel merkbaar. Rauwe oesters at men net als nu met brood en citroen. Vooral tijdens de lunch en het souper werden er veel geserveerd, bij de salons die voornamelijk te vinden waren in en rond de straten Damrak, Kalverstraat en Reguliersbreestraat. Na afloop van opera's, toneelvoorstellingen en concerten spoedden de kunstminnaars zich naar de salons om zich te goed te doen aan wat zijns ondanks de aristocraat van de zee was geworden: de oester.

Oester
Oesteretende jonge vrouw, 1658-1660, Jan Steen (1625-1679), collectie Mauritshuis, Den Haag

Olde Remeker

Als je aan mij vraagt wat de beste harde koekaas van ons land is, hoef ik daar niet lang over na te denken: Olde Remeker. Olde Remeker wordt gemaakt van de melk van koeien van het Jerseyras, in Lunteren door Jan-Dirk van der Voort en Irene van de Mare en hun medewerkers. Al bij het aansnijden valt op hoe gelijkmatig deze kaas gerijpt is: niet of nauwelijks verkleuring vlak onder de korst. De warme gele kleur van de zuivel komt doordat de koeien van het Jerseyras meer caroteen uit hun voer halen. De witte korreltjes zijn geen zoutkristallen, zoals vaak wordt gedacht, maar omgezette eiwitten en kalk. Na de visuele inspectie dien je, volgens de kenners, de kaas te onderwerpen aan een geurtest. Ook op dit onderdeel scoort Olde Remeker zeer hoog. De fruitige geur belooft een unieke smaaksensatie. Eerlijk gezegd kan ik me in de regel dan niet langer bedwingen; dus wordt het tijd om te proeven.

Voor in de mond is er al sprake van een smaakexplosie die niet anders te omschrijven is als complex. Het grasachtige en fruitige, in combinatie met een filmend gevoel tussen tong en verhemelte zorgen voor een ongekende ervaring. Omdat deze kaas, uiteraard zou ik bijna zeggen, ongepasteuriseerd is, blijft de overheerlijke smaak heel lang hangen. Dit laatste is te danken aan het enzym lipase dat verantwoordelijk is voor de afbraak van vet. Ook kan de kaasmaker volstaan met aanzienlijk minder zout. Als je dan ook nog weet dat deze kaas dankzij de niet aflatende inspanningen van Jan-Dirk en zijn team nagenoeg vrij is van enige bacteriële vervuiling, kun je alleen maar concluderen dat Olde Remeker tot de absolute top behoort van wat er in ons land op het gebied van kaas wordt geproduceerd.

Olde Remeker
Jan Dirk van de Voort tussen zijn Jersey koeien, 2001

Oliebol

Oliebol
Foto uit *Calvé-Delft's Zomerboekje*, zonder jaar.
Foto Henri Berssenbrugge

Oliebollenbakkers weten dat er voor de bereiding van de oliebol gouden regels in acht moeten worden genomen. Oliebollen horen al eeuwenlang bij Oud en Nieuw. Het oudste recept voor 'olie-koecken' staat in het uit 1667 daterende *De Verstandige Kock of Sorghvuldige Huyshoudster*. Onze voorouders bakten de bollen vaak in reuzel. Reuzel valt echter onder de 'verzadigde' vetten, vanwege de gezondheid wordt tegenwoordig nu eenmaal de voorkeur gegeven aan plantaardige olie.

Essentieel voor de bereiding van lekkere oliebollen is het rijzen van het beslag. Gist moet van tevoren met wat lauwwarm water en suiker op gang worden geholpen, zodat de gistcellen de noodzakelijke enzymen aanmaken. De gist werkt het best bij een temperatuur van zo'n 30 graden, vandaar dat het beslag op een warm plekje moet staan. Tijdens het bakken worden de koolzuurbellen in het deeg opgewarmd waardoor de oliebollen uitzetten. Het soortelijk gewicht daalt en de bol komt bovendrijven. De kunst van het frituren is te zorgen dat de buitenkant van de bollen mooi bruin bakken en de binnenkant tegelijkertijd gaar wordt. De ideale oliebol is kogelrond, zodat de warmte binnenin gelijkmatig wordt verdeeld. Oliebollen worden bruin door 'Maillard-reacties', naar de Fransman die de processen in 1912 voor het eerst beschreef. Hierbij worden talloze stoffen gevormd die uiteindelijk samen verantwoordelijk zijn voor de lekkere smaak van de korst.

Frituurvet lijdt aan verschillende verouderingsprocessen. Het oxideert zodra het aan lucht wordt blootgesteld, waardoor giftige verbindingen kunnen ontstaan. Het grootste gevaar loopt de olie in een hete frituurpan zonder frituurwaar. Tijdens het frituren zelf is de olie tegen oxidatie beschermd doordat de opstijgende stoom uit het eten de lucht verdringt. Als het vet bij herhaling wordt verhit en afgekoeld, treden verschillende reacties op die ervoor zorgen dat het frituurvet van samenstelling verandert en ranzig wordt.

Toch smaken snacks uit nieuwe frituurolie niet het lekkerst. De olie is aanvankelijk bijna smaakloos en krijgt juist door het frituren een kenmerkende smaak, kleur en geur. Voor de ideale oliebol neme men dus 'oud' maar ook weer niet té oud vet.

Ontbijtkoek

Ontbijtkoek, wie ontbijt er écht mee?

Op brood (erg lekker!), met boter besmeerd bij de koffie en kinderen die koekhappen op verjaardagen; eigenlijk is ontbijtkoek altijd lekker. Het bevat weinig vet (wel koolhydraten) en is mede daarom een caloriearm tussendoortje.

De diversiteit van ontbijtkoek is groot, aan de 'gewone' basiskoek kunnen verschillende ingrediënten zijn toegevoegd. Kandij, noten, gember en rozijnen, maar ook andere specerijen waaruit bijvoorbeeld een echte Groningse Oude Wijvenkoek ontstaat. En ook Deventer en Friesland hebben hun eigen kruidkoek, iedere 'koekenbakker' bakt volgens geheime receptuur.

De eerste 'koeken' werden al in de Middeleeuwen gemaakt, uit roggemeel en honing. Pas in de daaropvolgende eeuw werd er gemalen peper aan toegevoegd, zo ontstond de eerste 'kruidkoek'. In de zeventiende eeuw kwamen de andere oosterse specerijen (als kruidnagel, gember, kaneel en/of nootmuskaat en foelie) erbij, evenals sukade en ander gedroogd fruit.

De basiskoek bestaat nog altijd uit roggemeel, al of niet gemengd met tarwe (soms zelfrijzend bakmeel) waaraan bruine basterdsuiker, honing (vaak), melk en specerijen, zoals kruidnagelpoeder, kaneel, nootmuskaat en een snufje zout, zijn toegevoegd. Het deeg wordt op de plaat gebakken en daarna in 'broden' gesneden.

Koken met ontbijtkoek deed mijn oma al. Zij maakte de lekkerste dikke riblappen, door aan het aangebraden rundvlees bier en twee plakken ontbijtkoek toe te voegen. Zo kreeg ze een prachtige jus én supersmakelijk vlees. Hoe bedoelt u, *ontbijtkoek?*

Ontbijtkoek
Koekhappen voor gevorderden,
Naarden, 2004

Ossenworst

Ossenworst
Ossenworst uit het assortiment van Canter Amsterdam

'Gemalen, grofdradig, goed gerijpt vlees uit de voorvoet, dat heb je nodig voor ossenworst.' Die voorvoet is belangrijk, want ossenworst was eertijds vooral populair bij de Amsterdamse joden en de joodse spijswetten zijn streng.

Slager Dalmulder maakt al vele jaren 'de lekkerste ossenworst van Nederland', zoals de slogan luidt, en in de winkel bevestigen vele oorkonden dat deze ossenworst een eerste prijs verdient. We proefden hem tijdens een feestje. 'Die komt bij onze slager uit Driemond vandaan', kregen we bij navraag te horen. We togen naar het dorpje onder de rook van Amsterdam, vroeger een bloeiende gemeenschap waar ook de middenstand goede zaken deed, maar waar nu voornamelijk rust zoekende Amsterdammers wonen. We informeerden waar we 'die lekkere ossenworst' konden krijgen. 'Bij Maurits natuurlijk!'

We waren net op tijd, want het was zaterdagmiddag en de voorraad was bijna op. Er wordt maar één keer per week gerookt. Het gemalen en volgens oud recept gekruide vlees wordt in kunstdarm gestopt (dat is gewoon makkelijker, maar iemand die per se varkensdarm wil, of, als het kosjer moet, runderdarm, hoeft maar te kikken). De worsten moeten een dag rijpen en worden dan koud, bij 45 graden gerookt. 'Ossenworst mag nooit garen, want dan wordt hij te hard. Dat roken is vanwege de smaak en de houdbaarheid. Kenmerkend is het randje eiwitstolsel aan de buitenkant. Dat is donkerder van kleur en wat droger. Een goede ossenworst moet zacht zijn, maar mag niet aan je gehemelte plakken, en moet een frisse smaak hebben.'

Voor die van slager Dalmulder moet je naar Driemond, want ze worden nergens anders verkocht. 'Je hebt er vlees voor nodig van dieren die niet met kunst en vliegwerk zijn opgefokt om ze maar gauw-gauw op gewicht te krijgen en die zijn hoe langer hoe moeilijker te vinden. Het is indrukwekkend als je tegenover zo'n groot rund staat, dat rustig tijd van leven heeft gehad. En nee, ik heb er geen bezwaar tegen een dier dat een goed leven heeft gehad dood te maken en te slachten. Het dier behoudt zijn waardigheid. Dat gesol en gezeul met beesten in de bio-industrie, dat vind ik verschrikkelijk, dat heeft niets met respect voor leven en dood te maken.'

Paling

Als ik voorverpakte pakjes bleke palingfilet zie liggen denk ik terug aan de geurige, gouden, net gerookte palingen van mijn schoonvader Jopie Huisman. De meeste mensen kennen hem als bijzonder kunstschilder. Maar ik durf te zeggen dat zijn passie voor het vissen en dan het vangen van paling in het bijzonder, haast nog groter was dan zijn liefde voor het penseel.

Zijn leven lang kon hij het niet laten om op alleen aan hem bekende plekken fuiken te zetten en te peuren. Voor dat laatste worden wormen aan ijzergaren geregen, het garen wordt opgerold en als een kluwen op een neer gehaald in het water. Als het goed ging, beet de paling met z'n kleine tandjes in het draad. De kunst was om hem dan met één zwaai in de boot te laten belanden. Daarvoor werd de boot dusdanig verzwaard dat de rand nagenoeg gelijk stond aan het water. Het was een hele kunst, een kunst die verboden was onder het kopje 'stropen'. Dat weerhield Jopie er niet van om waar dan ook, en plein public, de genoegens van zijn favoriete bezigheid breed uit te meten. Ook de vereiste halsbrekende toeren die hem in de herfst soms in het ijskoude water deden belanden konden hem er tot op hoge leeftijd niet van afhouden.

Na het vangen kwam het roken. Dat roken was een serieuze zaak, een zorgvuldig voorbereid ritueel. Achter op het erf stond een rookvat met de benodigde attributen: zaagsel, spaanders en stukjes hout in verschillende formaten, uitsluitend geurig eikenhout dat een klein meubelfabriekje voor hem bewaarde. Eerst werd voorzichtig een vuur aangemaakt met wat zaagsel en daarna was het de hand van de meester die zorgvuldig de snippers, spaanders en natgemaakte juten zakken orkestreerde voor het juiste resultaat.

Als hij klaar was, lag de vloer van zijn atelier bezaaid met kranten, vellen vetvrij papier en bosjes paling. 'Moet je eens kijken, is het niet fantástisch?' zuchtte hij dan verzaligd, om er in één haal eentje uit z'n jas te helpen, als teken van zijn vakmanschap. Even later zaten we dan met een krant op schoot elkaar met glimmende koppen en handen tevreden toe te knikken. Voor Jopie was er geen mooier tafereel.

Paling
Jopie Huisman bij het rookvat, foto Albert Roosenburg, 1995

Pastinaak

Ooit was deze groente in Nederland algemeen bekend. De pastinaak is een wortelgroente die ook wel witte peen wordt genoemd. Er is een soort die lijkt op grillig gevormde bospeen, maar de meest gangbare lijkt op de conische winterpeen. Hoe is het mogelijk dat een groente die ooit zo'n belangrijke rol speelde in ons dieet, vrijwel geheel van het menu verdween?

Zijn voorname rol had de pastinaak te danken aan twee eigenschappen: een zoetige smaak en een hoog zetmeelgehalte. Als de vorst over de wortelen gaat, wordt een deel van het zetmeel omgezet in suiker en de smaak daardoor nog zoeter. Een voorkeur voor zoet is niet alleen van onze tijd. Vandaar de, in onze ogen, vreemde rol voor een groente: de pastinaak werd in de Middeleeuwen verwerkt in zoete gerechten, of gekonfijt in honing.

Zetmeel is een belangrijke energiebron en juist daarom was de pastinaak basisvoedsel voor veel Nederlanders. Pastinaken werden meestal samen met andere groenten, zoals rapen, gekookt. Maar aan het einde van de achttiende eeuw raakte de aardappel, zetmeelleverancier bij uitstek, hier ingeburgerd. Dat betekende een drastische vermindering van het aandeel rapen en peulvruchten in ons menu, en het einde van de pastinaak. De opmars van de aardappel was mogelijk omdat de teelt betrekkelijk eenvoudig was, de opbrengst hoog en de prijs laag. En aangezien er in die periode in Nederland veel armoede werd geleden was de keuze snel gemaakt. De aardappel werd massavoedsel, de pastinaak heeft het verloren terrein nooit meer herwonnen.

Pastinaken zijn tegenwoordig, behalve in het biologische circuit, niet gemakkelijk te vinden. Dat komt omdat maar weinig mensen gecharmeerd zijn van de zeer uitgesproken zoete, nootachtige en kruidige smaak. Bovendien is hij daardoor moeilijker met andere ingrediënten te combineren dan de neutrale aardappel.

Pastinaak
Pastinaca/pastinaak, miniatuur uit het handschrift *Theatrum Sanitatis*, zonder jaar, collectie Bibliotheca Casanatense, Rome

Peer

Peer
Plaat van de kweepeer uit *Beschrijving en afbeeldingen van de soorten van appelen en peeren*, uitgave uit 1790, van Johann Hermann Knoop (1700-1769)

Voor me ligt een boekwerk van J.H. Knoop uit 1740: *Over Vruchten en Gewassen*. Knoop hield zich bezig met 'Pomologie of Kenisse der Vrugten en Bezonder van de Appels en Peeren'.

Knoop heeft 25 jaar (meer dan de helft van een mensenleven in die tijd) aan het bestuderen van fruitbomen besteed alvorens tot het schrijven van een handboek met prenten te komen. 'Ooft-Bomen, waarvan vele soorten niet alleen tot heerlyke Medicynen dienen, maar die in 't bezonder onze Tafels verçieren, onze Tong streelen, en het Hert verquikken...' In het werk staan meer dan 120 appelrassen en ruim tachtig verschillende peren. Het zijn bij lange na niet alle bekende soorten, schrijft de auteur in zijn voorwoord.

Als ik anno 2004 een peer wil kopen, dan staat er boven de kist vaak alleen nog maar: 'handperen' of 'stoofperen'. Ik heb de keuze uit twee, hooguit drie verschillende. Weg zijn de peren met sierlijke namen als Mooie Wangetjes, Engelse Koningin en Hoe Langer hoe Liever. Waar zijn ze toch gebleven?

Veel rassen verdwenen in de kapwoede van de zeventiger jaren, toen oeroud hoogstamfruit plaats moest maken voor eindeloze rijen afgepast laagstamfruit. Gelukkig waren er verlichte geesten die heel veel soorten hebben behoed voor de ondergang door ze te bewaren in genenbanken. Kostbaar goed, historisch gezien cultureel eeterfgoed van de hoogste orde. De diversiteit van toen zal nooit terugkomen. Gelukkig groeit de behoefte aan meer variëteit. Met de appels gaat het de goede kant op. Daarvan zijn inmiddels aardig wat verschillende rassen te koop; bij de peren is dat helaas (nog?) niet het geval.

Driehonderd jaar geleden was de voorsprong van appels op peren, getuige Knoop, niet anders. Dat appels gezond en lekker zijn is dan al algemeen bekend. De peer is volgens regels van de Schola Salernitana (die zich bezighield met gezondheidsleer) ongezond als deze rauw gegeten wordt. Toch werd ook toen de smaak van een mooie peer, volgens dezelfde Knoop, 'doorgaans veel lekkerder en smakelyker geagt'. Knoop had het destijds al goed gezien en daarom is het de hoogste tijd voor de glorieuze terugkomst van een paar van die mooie oude perenrassen. Want een peer, een sappige, rijpe peer, streelt nu eenmaal de tong en verkwikt het hart!

Quee Appel.

Quee Peer.

Pekelaugurk

Pekelaugurk
Pekelaugurk, tekening Rein Dool, 2004

Denk ik aan pekelaugurken, dan hoor ik muziek. Vrolijke muziek. Andante en allegro, maar allegro het meest. De schoonheid van Rapenburg begon bij het Markerplein. De laatste echte hoefsmid van de hoofdstad. Je mocht daar als kleine jongen behoorlijk dichtbij komen. De smid begreep het best, hij was ook jong geweest. Als vuurwerk spatten de vonken alle kanten op wanneer zijn enorme hamer het hoefijzer raakte. De geur van geschroeide paardenhoeven. Animaal opstijgend, al kende je dat woord niet. Had je genoeg gezien dan was het nog maar honderd meter te lopen om van de climax van je uitstapje te kunnen genieten. De zuurinleggerij. Nummer 161, als ik het wel heb. Grote vaten augurken, overal. Niet voor iemand die toevallig langskwam, want het was geen gewone winkel. Aan één enkele augurk deden ze niet. Maar wanneer je volhield en een gezicht trok alsof je leven stond of viel met de eerstvolgende pekelaugurk, waren het de best bestede vijftien cent die je je kon voorstellen.

Grote augurken. Glanzende zoute bommen. Misschien niet eens vijftien cent maar een dubbeltje. Bij de eerste hap gebeurde er niet veel. Ondanks dat spuugde je hem niet uit, want zo'n puntje had op zichzelf ook al anderhalve cent gekost. De tweede hap, dat was de beste. Als de gretige kaken van een haai sloot het gebit zich om de kletsnatte donkergroene torpedo. Bijten, beet, gebeten. Even hield de harde schil zich goed maar moest opeens, in een onderdeel van een seconde, wijken voor de wrede, vasthoudende tanden. Alles spatte uit elkaar. De augurk zelf en meteen daarna de hele Rapenburgerstraat. Als in een zuur-zoute valkuil beland zakte je door het gore trottoir. Alles verdwenen. Halve en hele puinhopen, schurftige naoorlogse *terrain vagues*, ruines van synagogen en andere verkrottingen. De geslagen wond deed je mond verdrinken in het bijna liquide vruchtvlees. Bij de derde hap werd je klem gezet in alles overtreffend zout en bij de definitieve verzwelging trok je keel zich in zalige krampen terug in de onderbuik.

Allegro was de naam van de baas van de firma. Ik ga aan de koningin vragen of dat postuum alsnog in Allegro Maestoso omgezet kan worden. Alles kunnen ze tegenwoordig. Mensen naar de maan sturen en mieren naar Mars. Maar echte pekelaugurken maken, ho maar!

Pindakaas

Pindakaas
Popfood no. 7, Tjalf Sparnaay, 1984

De basis van deze lekkere pasta is natuurlijk de pinda. Ook wel aardnoot, grondnoot, apenoot of olienoot genoemd. Waar komt deze noot oorspronkelijk vandaan? Het waren de ontdekkingsreizigers uit Spanje die ze het eerst vonden. Zij verspreidden de pinda over grote delen van de wereld. En het waren de negers uit Afrika die als slaven naar Noord-Amerika werden gevoerd, die de noot daar als eersten plantten.

Pindakaas is waarschijnlijk voor het eerst gemaakt door Indiaanse volkeren in Zuid-Amerika. De pinda's, onderaards groeiende vruchten, vormden een belangrijk bestanddeel van het dagelijks menu van de Indianen. Ze zitten vol gezonde voedingsstoffen, waaronder plantaardige oliën, eiwitten, koolhydraten en ook vitamine B en E.

De oorsprong van de huidige vorm van pindakaas ligt in Amerika. In 1894 was er een groot overschot aan pinda's. Een groep samenwerkende boeren vroeg een bioloog om een nieuwe toepassing te verzinnen voor pinda's. Zo ontstond peanutbutter: de pinda's werden tot een smeerbare pasta gemalen.

Toen in 1948 een Delftse oliefabrikant het Amerikaanse goedje op de Nederlandse markt wilde brengen, was er één probleem. Het product mocht absoluut geen boter heten. De naam boter was speciaal vastgelegd voor 'de enige echte roomboter'. Een andere naam was niet snel gevonden. Omdat pindaboter door velen werd vergeleken met leverkaas en dit ook broodbeleg was waar geen kaas inzat, werd de Hollandse naam voor peanutbutter 'pindakaas'.

Pinda's groeien aan de pindaplant. Uit de gele pindabloemen, die een halve dag bloeien, groeit een steeltje de grond in (gynofloor), waaraan vervolgens de pindanoot (aardnoot) groeit. De peulen worden geoogst en gedopt, alleen de nootjes worden verder verwerkt. Ze worden met vliesjes twee keer gebrand, eerst op 136 °C, daarna op 160 °C. Dan worden de nootjes gekraakt, de vliesjes worden weggezogen en ze worden gemalen. Er wordt zout en pindaolie aan toegevoegd, alles wordt goed gemengd en de pindakaas is klaar om gesmeerd te worden.

Poffertje

Poffertje
Foto uit het *Electro Kookboek*, 1937

Het is niet alleen het poffertje zelf dat weemoed en zoete herinneringen oproept bij de doorsnee Hollander. Het is de hele entourage die om poffertjes eten heen hangt. De prachtige poffertjestenten, die je gelukkig nog steeds af en toe tegenkomt in het land, de poffertjesbakker, die met een oogverblindende snelheid poffertjes omdraait op de grote koperen plaat met de bekende kuiltjes, en natuurlijk het bordje dat je voor je neus krijgt, met poffertjes die bedolven zijn onder een laag poedersuiker en een langzaam smeltende klont boter. Het eerste poffertje dat je eet is zo lekker omdat de boter nog een beetje hard is. Het laatste poffertje van het bordje is even heerlijk, omdat het drijft in een plasje gesmolten boter waarmee je de resterende poedersuiker aan je poffertje kunt plakken.

Menig buitenlander is jaloers op onze poffertjestraditie. Emigranten in Australië en Canada waren dolgelukkig toen de firma Koopmans met kant-en-klaar poffertjesmeel op de markt kwam, waar je een spuitbus en een pan bij kreeg. Die pakken konden tenminste verstuurd worden.

Poffertjes heten van oorsprong broedertjes. Een broedertje is eigenlijk een hostie die in de rooms-katholieke kerk werd gebruikt en vroeger werd gebakken van brooddeeg. Toen tijdens de Franse Revolutie een tekort aan tarwebloem ontstond, is men het meel gaan mengen met boekweitmeel, essentieel voor het juiste poffertje.

Rond 1820 werden broedertjes gebakken op de kermis, op een koperen plaat. Het beslag dat met een houten pollepel op de plaat werd gegoten, lag als het ware gaar te poffen. Vandaar dat de naam van broedertjes snel veranderde in poffertjes. Een portie poffertjes bestaat uit anderhalf rijtje poffertjes van de plaat, of 12 of 15 poffertjes.

Een Hollandse kermis is niet compleet zonder een echte poffertjeskraam. Het rare met poffertjes is dat het kan voorkomen dat je ze jaren niet eet, totdat opeens de gedachte eraan bij je opkomt en je niet meer loslaat tot je ze gegeten hebt. Maar bovenal geldt: een bord poffertjes smaakt thuis nooit zo lekker als in een poffertjeskraam.

0
1 4
2
1 4
2 O
1 4
2 B

Pondkoek

Onze zuiderburen kennen ook een pondkoek; in Vlaanderen komt een koek met dezelfde naam veelvuldig voor. Het is daar een soort goedkope stroop- of honingkoek die van oorsprong per pond werd verkocht. Men ontving in de kerk een stuk pondkoek om de miswijn op de lege maag te verwerken. Ook verder weg gelegen zuiderburen in Zuid-Afrika kennen een pondkoek.
De oorsprong daarvan laat zich raden...

Pondkoek
Terschellinger lekkernijen: pondkoek, potjekoek (tulband) en cranberry kwarktaart, Studio Eke van Mansvelt, Terschelling

Hollandse pondkoeken komen van Terschelling. Een specialiteit die nog steeds door de Terschellingers vol trots wordt meegenomen naar het vasteland en het buitenland, maar niemand maakt zich meer druk over de herkomst. Pondkoek is er al meer dan honderd jaar. Wars van luxe, is het simpelweg koek voor bij de koffie en thee. Vroeger, als de boeren gingen hooien, kregen ze 's middags pondkoek bij de thee.

Elke bakker (er zijn er nog vier op het eiland, in vergelijking: in 1932 waren het er nog 24!) heeft z'n eigen recept en er zijn verschillende soorten en smaken. Met of zonder melk, met meer of minder boter, die gesmolten wordt verwerkt of koud en hard. Vroeger was het een goedkope koek en werd het gemaakt van restjes deeg. In die tijd maakten arme mensen soms zelfs hun eigen koekjesdeeg en lieten dat tegen betaling afbakken bij de bakker. Tegenwoordig is de koek alom gewaardeerd en heeft z'n eigen deeg. Koekkruiden geven 'm smaak en in een enkel recept komt ook koriander voor.

Sommige bakkers maken onderscheid tussen een donkere en een lichte pondkoek. De ene bakker doet oude koekkruimels (die een half uur geweekt zijn in water) bij het deeg. Het deeg moet dan een dag 'staan'. Met die ene bak deeg wordt een hele week gebakken. Deze pondkoek hoeft dan maar 10 minuten in een hete oven. De andere variant is zonder koekkruimels. Dit deeg wordt à la minuut gemaakt en meteen gebruikt. Deze koek moet 20 minuten in de oven.

Het gegeven dat de pondkoek met kruimels de lichte pondkoek zou zijn en degene zonder kruimels de donkere pondkoek, is echter een twistpunt onder het bakkersvolk. Weer een andere bakker bereidt zelfs nog andere varianten: een lichte pondkoek met vanille, een donkere pondkoek met speculaaskruiden. Met feesten en partijen wordt de koek leuk aangekleed. Gevuld met spijs, bestreken met fondant en crème of met slagroom. Het is dan bijna het Terschellinger broertje van de Friese oranjekoek.

De pondkoek weegt geen pond, maar heeft wel ongeveer een vast formaat: 25 centimeter lang, 15 centimeter breed en een dikte van 0,5 centimeter. De naam blijft een raadsel: niemand kent de herkomst.

Prei

De armeluisasperge

Prei
Foto uit *Beknopte geïllustreerde handleiding tot het kweeken van groenten en bloemen*, Zaadhandel en Zaadteelt v/h A. Hobbel, jaren '30

De geest van Picasso moet in de Schepper zijn gevaren toen Hij aan de prei toe was. De markante contouren zijn met stevige streken neergezet. De hoekige, gootvormige bladgroei vanaf de cilindrische witte schacht heeft kubistische trekjes. Het groen waaiert uit naar twee zijden, als bij een palmblad. De kleurstelling van wit, geelgroen en donker grijsgroen is tijdloos. Geen wonder dat de prei het goed doet op zowel rustieke kookstillevens als in de eigentijdse culinaire fotografie. En komt er in stripverhalen een boodschappentas voor, dan steekt daar vaak pront een prei uit.

Bij de bereiding verliest prei veel van haar visuele schoonheid. Het verlies aan schoonheid wordt ruimschoots goedgemaakt door de aromatische, milde smaak, waarbij in gekookte staat de kenmerkende, weldadige zoetheid komt.

België is het preiland bij uitstek. Daar wordt de meeste prei geteeld, maar Europa's grootste exporteur van prei is Nederland. Veertig miljoen kilo gaat per jaar naar het buitenland. Vijftig miljoen kilo prei eten we zelf op. Op elke Nederlander staan er dertig preien op het veld.

Er is zomer-, herfst- en winterprei, maar zomerprei wordt vroeg geoogst en de winterprei gaat lang door. Zo is er het hele jaar door prei, maar niet steeds van hetzelfde ras. Het seizoen begint in het late voorjaar met de Bulgaarse Reuzen, die betrekkelijk dun zijn en een lichtgroen blad hebben. In de zomer en de vroege herfst komen de Zwitserse Reuzen. Naarmate het seizoen vordert verschijnen de Herfst- en Winterreuzen. In december begint het zware werk en komt de Blauwgroene Winter van het veld, een stevige winterprei met een donker grijsgroen blad.

Grijs en groen dat doet denken aan *The Canterbury Tales*, daarin is de prei een symbool voor de lust en het verlangen die met de jaren niet verdwijnen.

Want in ons verlangen grijpen wij het laatste gras
Het hoofd vergrijsd, de staart nog groen
Als een prei; want al is de kracht gevlied
Lust en verlangen verdwijnen niet.

Raapsteel

Raapstelen vallen inmiddels onder de 'bijna' vergeten groenten. Met veel plezier kunnen we hier dan ook melden dat de overheerlijke raapsteel een eigen website heeft en wel: www.raapstelen.nl. Dat is wel heel verheugend nieuws want er gaat niets boven een stamppot rauwe raapstelen. Loop in de vroege lente nooit een groentestal voorbij zonder een aantal bosjes raapstelen mee te nemen. Gebruik ze bij voorkeur rauw, niet alleen in een stamppot maar ook als salade met een uitgebakken spekje zijn ze onweerstaanbaar. Raapstelen zijn lekker èn gezond. Ze zijn rijk aan mineralen en vitamines; de groente bevat veel ijzer en vitamine B en C. Raapstelen zijn (vooral in het zuiden) te koop onder de naam 'kelen'.

Raapstelen zijn, zoals de naam al verraadt, het loof van de raapjes en hebben daardoor ook precies een juist bittertje in de smaak. Ze zijn erg gevoelig voor verleppen, het is zaak om de raapstelen zo snel mogelijk van het land op tafel te krijgen. Als ze al een dag bewaard moeten worden, wikkel ze dan in een vochtige doek en leg deze in de koelkast.

Raapstelen worden nog op een traditionele, ambachtelijke wijze geteeld. De handmatig gezaaide bladgroente wordt rustig opgekweekt en groeit zonder verwarming uit tot een ouderwetse voorjaarsgroente. Minimale bemesting en gewasbescherming zorgen voor een milieuvriendelijk product op het bord en daar is veel voor te zeggen.

In de supermarkt ligt midden in de winter wel rucola in het schap maar raapstelen in de lente zie je vrijwel nooit. Daarvoor moet je naar een goede groenteman die hart heeft voor het vak. Probeer maar eens uit: proef een blaadje rucola uit de supermarkt en daarna een raapsteel van de groenteman. Hierna hoeft niemand meer overtuigd te worden van de juiste smaak. Wees er wel snel bij, want raapstelen zijn maar heel even te koop, het seizoen is zo voorbij.

Raapsteel
Pas geoogste raapstelen, foto Peter Bauwens, 2004

Rabarber

Puur geproefd of zuiver gezoet

Rabarber
Rabarber, foto Gina Kranendonk, 2004

Een doorsnee winkelmoment in de natuurvoedingszaak. Ik leeg mijn mand op de toonbank en rangschik een bos wijnrode stelen tussen krentenbrood en kaas. De achttienjarige zaterdaghulp pak de bos op en informeert: 'wat is dàt?!?' Rabarber, lieve kind, en ik vraag maar niet of je weet hoe lekker het is. Plotsklaps voel ik me 108 jaar oud en mijn voormalig groenteboerenhart bloedt: eerder al bleken andijvie, raapsteeltjes en savooienkool in dezelfde winkel terra incognita voor de tieners achter de kassa.

Naast de rabarber plaats ik een fles appeldiksap, nodig omdat ik de stelen zal koken voor iemand die geen suiker mag. Hoewel ik door dorst overvallen in mijn moestuin een dun stengeltje gerust rauw eet (dat kan, omdat 'mijn' rabarber van de uitgelezen zoete soort Champagne is), behoeft de vroegzomerse fruitgroente in 99 van de 100 gevallen een zoetmiddel. Koken voor iemand die geen suiker mag is geenszins ingewikkeld, zoals veel mensen denken. Opletten moet je wel, want 'geen suiker' betekent ook vaak: geen suikervervangers als honing, fructose en maismoutstroop of iets dergelijks. Wat dan wel? Meestal worden zuidvruchten goed verdragen, net als vers vruchtensap, of diksap: geconcentreerd sap van pure appels, of appel met een andere lekkere vrucht. Dat hoeft er niet in massa's in: zelfs rabarbermoes, in ongezoete gedaante beslist een ijl gerecht, wordt al aangenaam met bescheiden hoeveelheden. Maar verlaat elke gedachte aan voorgeprogrammeerde zoetheid van rabarber-uitpotjes...

Erg lekker is het ook om verse gember mee te laten trekken voor een heet-zoet aroma. Als je de gember in dikkige plakjes snijdt, vis je ze er na de bereiding gemakkelijk weer uit. Misschien brengen we met die gember wel een eerbetoon aan de oorsprong van rabarber: ofschoon ze zich naast elke composthoop in vaderlandse moestuinen wil nestelen, is haar afkomst mysterieus en oosters. Sommige plantenvorsers prikken zijn geboortegrond in Siberië, maar een meerderheid meent dat hij uit Tibet of China stamt. Gerstebrood, haaienvinnensoep en tjap tjoi. Hoe zou dat bij rabarber smaken?

Reuzenbovist

De 'hoeden' kunnen wel een halven meter in middellijn groot worden, af en toe krijg ik wel eens zo'n bakbeest toegezonden als merkwaardigheid.
Jac. P. Thijsse, *Paddenstoelen*, Verkade-album 1929

Is het een voetbal, een plastic zak of een bom? Door de stad fietsend zie je een hoop rommel, maar daar kan in het vroege najaar iets tussen liggen waarvan op het eerste gezicht niet duidelijk is wat het is: reuzenbovisten (*Lycoperdon giganteum*) werden tijdens de Tweede Wereldoorlog vanuit de lucht aangezien voor een nieuw geheim chemisch wapen.

Reuzenbovisten hebben bepaald iets van een ufo, of eigenlijk een 'ugo', want vliegen doen zij niet, maar groeien wel. Ze jagen angst aan vanwege de spreekwoordelijke snelheid waarmee ze uit de grond komen. Er bestaat weinig verwisselinggevaar, want de reuzenbovist, die in parken en weilanden (en soms zelfs tussen de tramrails) groeit, is met zijn potentiële doorsnee van 80 centimeter en gewicht van 5 pond uniek onder de wilde gewassen. Zoals iemand het eens uitdrukte: zo groot als een pompoen en hard genoeg om een hond mee te bekogelen.

Mocht deze bovist in je eigen tuin voorkomen, dan kun je, zoals beweerd wordt in een negentiende-eeuwse tekst die werd verspreid door de Vereniging ter Bevordering van de Christelijke Kennis, er ter plekke steeds een plak afsnijden als je trek hebt: verser kan niet! Van de exemplaren die op openbare plekken staan is de kans helaas groot dat ze omver geschopt of omgemaaid worden. Om ze te consumeren moeten ze wit zijn vanbinnen en vanbuiten; oude exemplaren kunnen een nogal pokdalige, zeemleren huid hebben en zien er bij het doorsnijden uit als een volle stofzuigerzak. De rijpe sporen werden vroeger wel gebruikt om bloed te stelpen en bijenkorven uit te roken om het oogsten van de honing te vergemakkelijken.

De naam suggereert een of andere nieuwe beweging of stroming; ik sluit me graag aan bij de Orde der Bovisten.

Reuzenbovist
De reuzenbovist zoals afgebeeld in J.B. Bernink's *Eerst weten, dan eten*, 1920

30a.

Bovista nigrescens
Zwartwordende Bovist

Roggebrood

Het in een droom zien of eten van roggebrood voorspelt veel huiselijke voorspoed en tevredenheid.

Rogge werd al heel vroeg gebruikt om compacte, zachte en smeuïge broodsoorten te bakken. Het nu zo gewone, veel lichter verteerbare gerezen brood werd in vroeger tijden 'stoet' genoemd. Het zeer voedzame en stevige roggebrood was het brood voor de armen. De lichtere 'stoet' was vooral voor de rijke mensen en werd voornamelijk op zon- en feestdagen gegeten. Alleen tijdens de eerste weken na een huwelijk werd ook door de armere bevolking 'stoet' gegeten en daar komt ook de uitdrukking 'in de wittebroodsweken' vandaan.

We hebben het hier verder over het ongerezen compacte roggebrood dat gemaakt wordt van grof gebroken rogge. Grof gezegd zijn er in ons land drie soorten roggebrood: uit het noorden, uit het midden en uit het zuiden. In principe is het zo dat hoe zuidelijker je komt, hoe lichter het roggebrood wordt. Aan het lichtere roggebrood wordt meer tarwebloem toegevoegd.

In vroeger tijden werd het roggebrood thuis door de huisvrouwen voorbereid en voor het afbakken werd het naar de plaatselijke bakker gebracht die het 's avonds in de warme oven plaatste. Roggebrood moet namelijk minimaal 12 uur gebakken worden, vandaar dat je tegenwoordig nog maar weinig versgebakken roggebrood vindt. Met de opkomst van de AGA-fornuizen, die dag en nacht aan het branden zijn, zou het roggebrood weer aan een opmars kunnen gaan werken.

Alleen de lange baktijd maakt het zelf bakken van roggebrood ingewikkeld, verder bestaat het deeg uit gebroken rogge, zout en kokend water. Dit moet gekneed worden en op een warme plaats minstens een nacht broeien. Daarna is het wel even schrikken want er ontstaat door het broeien de voor roggebrood kenmerkende zurige geur. Niet aan ruiken is het advies. Na het lange bakken in een oven van onder de 100 graden is deze zure geur verdwenen.

Helemaal lekker is het om het roggebrood in een houtoven te bakken. Plaats het brood in de oven als deze helemaal heet en opgestookt is en kijk er pas de volgende dag weer naar om. Doordat de temperatuur in de houtoven langzaam daalt maar door de stenen warm genoeg blijft, staat er heerlijk roggebrood op tafel.

Roggebrood
Van boven naar beneden: Gronings, Fries, Gelders, Brabants en Limburgs roggebrood. Foto Voorlichtingsbureau Brood, Wageningen

Met dank aan de gebroeders Holtkamp (banket)bakkers

Rookworst

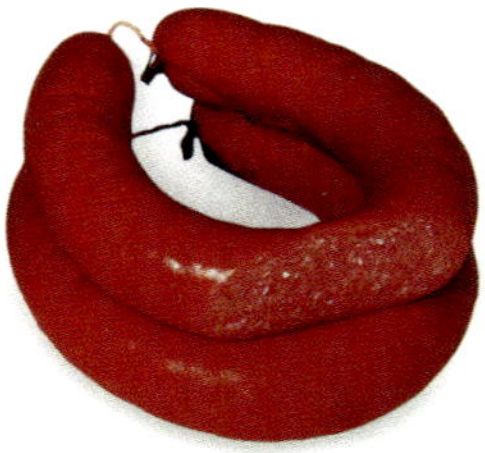

Rookworst is razend populair, blijkt uit de cijfers. In Nederland worden er jaarlijks 53 miljoen rookworsten gegeten. Deze hoeveelheid achter elkaar gelegd, overbrugt de afstand van Amsterdam naar Moskou en terug.

Rookworst
Foto John Tromp, ontwerp Stang Gubbels, 2004

Hoewel rookworst typisch een product is uit de Nederlandse keuken, is het van origine een regionale specialiteit. De worst zou voor het eerst in Gelderland zijn gemaakt; van oudsher bevinden zich hier namelijk de meeste varkensfokkerijen. Men begon hier met het ambachtelijk bereiden van worsten die werden gerookt boven een smeulend vuurtje van houtsnippers. Ze werden bij voorkeur op beukenhout gerookt, maar ook op eikenhout, en aan de houtkrullen en het zaagsel werden al dan niet aromatische kruiden toegevoegd, waarmee elke slager een eigen speciale smaak wist te creëren. Het maken van worst gebeurde vroeger alleen in de slachtmaand november. Het varkensvlees werd verwerkt tot allerhande producten en het restvlees diende als ingrediënt voor de rookworst. Dit deed men door het te mengen met spek, zout en kruiden, om er vervolgens de schoongemaakte varkensdarmen (het bekende knapperige velletje) mee te vullen. Het roken gebeurde in alle rust, zodat de worst precies die smaaknuances meekreeg die de Gelderse rookworst zo onderscheidend maakte. Door het roken bleef het vlees goed geconserveerd en bood het goede proviand voor de wintermaanden.

De ambachtelijk bereide rookworst wordt nog altijd volgens ouderwets recept gemaakt, uit tweederde deel mager varkensvlees en eenderde deel doorregen varkensvlees. De traditionele rookworst is niet heel fijn gemalen maar heeft een vleeskorrel die kan variëren van 3 millimeter (net als gehakt) tot wel 12 millimeter. De ene wordt 'fijne' rookworst genoemd, de andere 'grove'. Het 'worstdeeg' wordt in dunne varkensdarmen gestopt, met een touwtje afgebonden, aan rookstokken gehangen, even aangedroogd en gerookt tot een mooie, goudbruine kleur is bereikt. Deze worst wordt rauw verkocht en moet dan ook altijd minimaal 20 minuten wellen (garen) in heet water.

De rookworst van tegenwoordig (uit de fabriek) is bereid volgens een al meer dan vijftig jaar oud recept. Het unieke is dat de worst nog steeds op ambachtelijke wijze 7 uur lang wordt gedroogd en gerookt. Men gebruikt een combinatie van beuken- en eikenhout, waardoor de herkenbare en heerlijke rooksmaak ontstaat. Deze rookworsten zijn al gaar en hoeven dus niet lang te wellen, ze kunnen zelfs direct koud gegeten worden.

Rozenbottel

De egelantieren, die tot laat in de herfst prijken met evenveel scharlaken bottels, die ware vitaminepakhuizen zijn.
Kees Hana, *Van dier en plant, water en land*, 1942

De roos (als in: een bos rode rozen), symbool van de liefde en nog een heleboel meer, is een bloem die zó ver is doorgekweekt dat hij bijna niets meer weg heeft van zijn wilde vorm, de hondsroos of rimpelroos of egelantier. Behalve in de vorm komt dat het sterkst tot uitdrukking in de (afwezigheid van) de geur. Wie wel eens langs een bosje of haag egelantieren in de duinen heeft gefietst in de bloeitijd, weet hoe overweldigend zwoel en wuft wilde rozen ruiken.

De rozenbottel, in het algemeen aangezien voor het zaaddoosje van de roos, maar feitelijk een schijnvrucht (zoals ook de vijg en de aardbei), heeft net als de bloem - geen roos zonder doornen - een aangename en een irriterende kant. Binnen in het oranjerode, olijfvormige, gekroonde omhulsel bevinden zich pitjes en fijne haartjes. Een slecht gezeefd rozenbottelproduct, zij het jam, siroop of wijn, zal de Franse bijnaam *gratte-cul*, kontkrabber, eer aandoen. De haartjes kunnen niet alleen als een soort glaswol de huid binnendringen, ze reizen ook door het binnenste van de consument naar de plaats waar zij het lichaam allesbehalve ongemerkt weer verlaten.

De naoorlogse generatie heeft zijn blozende gezondheid te danken aan Roosvicee, een nagenoeg verplichte vloeistof voor baby's en peuters, die het midden houdt tussen limonade en medicijn en zijn status als wonderdrankje te danken heeft aan de talloze weldadige eigenschappen en het legendarisch hoge gehalte aan vitamine C in de rozenbottel: maar liefst zestig keer zo hoog als dat van de citroen. De plaatsvervanger van de levertraan van een generatie eerder, maar een stuk smakelijker en ook om van te genieten als de R niét in de maand zit.

Rozenbottel
Rozenbottels, foto Peter Bauwens, 2001

Saroma

Zondagmiddag in Limburg. Dertig jaar geleden. Om een uur aan tafel. Warm eten! Vaak heb ik verstek moeten laten gaan wegens overmatig alcoholgebruik de avond ervoor. Maar aan de keren dat ik er wel bij was, denk ik met weemoed terug. Het menu was bekend en herhaalde zich elke week. Eerst de zo door ons genoemde 'zondagse soep' (een speciaal gerecht met mergballetjes, dat eigenlijk het lekkerst was op maandag), dan aardappelen, vlees - vooral veel vlees - en groenten. Hierna kwam het hoogtepunt van de week: het toetje. Ananaspudding volgens mijn moeders recept. Het was gewoon lekker en je wist niet waar het vandaan kwam. Het was 's ochtends al gemaakt. Een hele grote kom vol en het smaakte echt goddelijk.

Jaren gingen voorbij, je ging op kamers en wilde dat dessert ook wel eens maken. Je wilde tenslotte indruk maken op je eerste meissie en haar aldus verleiden om een nachtje te blijven slapen. De Londonderrysoep was gaan schiften, de ossenhaas (veel te gaar, de slager zei nog dat ik beter een bieflapje kon nemen), de wijn te wrang. Het toetje bleek uiteindelijk ongeveer het enige dat lukte...

Het bleek alleen maar te bestaan uit Saromapudding (twee pakjes vanille), 0,75 liter melk, 0,25 liter slagroom en een goed uitgelekt blik Delmonte (!) ananas. Saroma, de pudding uit een pakje. Indien volgens de gebruiksaanwijzing klaargemaakt echt oneetbaar. Het lijkt wel cement met vanillesmaak. Maar mijn moeder wist het met eenvoudige middelen op te kalefateren tot een heus dessert waar je je gasten versteld van kan laten staan.

Mijn ouders zijn inmiddels in de zeventig en elke keer als ik vanuit de Randstad naar Limburg rijd, wordt het speciaal voor mij gemaakt. De receptuur is in al die jaren nooit aangepast.

Het is nu zondagochtend, half elf. Als ik opschiet, haal ik Limburg nog.

Saroma
Advertentie voor Saroma pudding met bananensmaak, uit *Handig Huishouden, deel 2: doelmatige voeding*, 1962

Een lekkere pudding is in het Nederlandse gezin een veel gewaardeerde toespijs. Bovendien geeft 'pudding toe' altijd iets feestelijks aan de maaltijd.

Tegenwoordig is het een kleine moeite om onze huisgenoten daarmee te verrassen. Het aanmaken van een instant pudding vergt nl. slechts heel korte tijd.

De handelingen zijn:

- *koude* melk gieten in een kom.
- *de puddingpoeder* toevoegen.
- ongeveer een minuut flink kloppen met roomklopper tot de poeder is opgelost.
- de verkregen vla uitschenken in puddingglazen of coupes.
- wegzetten op een koele plaats om op te stijven.

instant pudding

Voor de uiterst gemakkelijke bereiding van Saroma-pudding 'zonder koken', die in 7 smaken verkrijgbaar is, volgen we de gebruiksaanwijzing op de pakjes.

We kunnen altijd nog wel een minuutje missen om van de pudding iets bijzonders te maken. We kunnen dit doen volgens onze eigen fantasie, of anders als volgt:

Combineer eens twee smaken met elkaar, bijv. chocolade met vanille. We kunnen ook yoghurt bijvoegen (smaken als vanille, frambozen en bananen lenen zich daarvoor heel goed). Ook frambozenpudding aangemaakt met karnemelk en vanillepudding met melk vormen een uitstekende combinatie.

We kunnen een gedeelte van de melk vervangen door een flinke scheut ongeklopte room of koffiemelk. Heel feestelijk wordt het resultaat als we slagroom op de stijve pudding spuiten.

Dien vanillepudding eens op met vruchten: aardbeien, frambozen, kersen, bessen, bramen.

Gedroogde abrikozen, pruimen, appeltjes en tutti-frutti tot compôte gekookt, leggen we pas na afkoeling op de stijfgeworden pudding. Een volgende maal nemen we vruchten in blik ananas, perziken, gemengd fruit. Of schijfjes bananen en sinaasappelpartjes.

In het zoeken van smaakcombinaties en garneringen zoals koekjes, wafels, chocolade, kunnen wij onze vindingrijkheid uitleven.

Schapenkaas

'Nederlandse schapenkaas is per definitie afkomstig van het Friese of het Zeeuwse melkschaap, twee rassen die onderling niet of nauwelijks verschillen. Deze melkschapen heetten vroeger wel kustschapen, omdat ze vooral in de zeepolders (op de "bloemendijken") werden gehouden.'
René Zanderink in *Van stal gehaald*

In Oldenhove moet je zijn. Daar, in de wijde landelijkheid van de Groninger Ommelanden, ligt een schapenboerderij die kaas van Demeterkwaliteit maakt, de hoogste rangorde in de ekowereld. Een eenvoudig bordje langs de weg met 'Oldenhoofster schapenkaas' wijst je de route naar een regionale specialiteit. Eenmaal geproefd ben je verkocht en daarmee bevind je je in goed gezelschap: restaurateur Dick Soek van Schathoes Verhildersum in Leens (met een Michelinster) is er zo gek van dat hij enkele oude kazen in de opslagruimte van de hoeve liet reserveren. Nog afgezien van de puike kwaliteit bemin ik de kaas om een extra reden, gewonnen als hij is van het mooie, Friese melkschaap met haar kenmerkende lange snuit.

Eens was Texel beroemd om zijn schapenkaas, die buitengewoon goed smaakte en buitenissig groen zag, door keutels. In het prachtige boek *Van stal gehaald* legt veespecialist en auteur René Zanderink het keutelkaasrecept uit: 'Ga naar de wei en doe daar enige schapenkeutels in een linnen zakje. Houd dit zakje in lauw water en pers het daarna uit, zodat er groen sap uitkomt. Dit sap wordt door een emmer verse schapenmelk geroerd, samen met een eetlepel stremsel. Dit mengsel enige tijd laten staan, daarna de wei afgooien en de wrongel in een zakje doen, de kaas uitpersen en in een kaasvorm doen.'

Ook het Zuid-Hollandse 's-Gravenzande produceerde groene schapenkaas volgens bovenstaand recept. Het is een voorbije specialiteit - erg betreurd door liefhebbers. De Warenwet stak er een stokje voor, hoewel de kaassoort niet schadelijk was voor de mens. Texelse schapen worden nog steeds gemolken, maar veel bekendere melkschapen zijn de Zeeuwse en Friese.

Schapenkaas smelt net als harde geitenkaas minder snel uit dan koekaas met zijn grovere vetopbouw. Maar dat kan mij niks bommen: ik rasp de kaas over preisoep (des prés salées, zou ik bijna willen opperen, want prei van de Waddenkust smaakt bepaald ziltig) en over stevige boekweitpannenkoeken. Extra lekker worden die als je ze eerst belegt met een dikke laag warme, kort gestoofde spinazie en bestippelt met vooraf langzaam gebakken, gehalveerde kerstomaten. Daarna wat peper uit de molen en ten slotte die kaas. Van Zeeuwse of Friese schapen. Of van Friezinnen die op een Grunneger hoeve wonen.

Schapenkaas
Schapenweide tussen Mui en Slufter op Texel, foto André Garf, ca. 1940

Schipperbitter

Het zal aan het begin van de tachtiger jaren geweest zijn van de twintigste eeuw. Ruikend naar teer en houtkrullen stapte een stoere zeebonk bij ons aan boord. Hij was zojuist de gelukkige eigenaar geworden van een kwak de VD 172. Hij zou met zijn kwak gaan zeilen bij de bruine vloot, een in die jaren opkomende vloot van gerestaureerde oude vissersboten van de voormalige Zuiderzee. Voor het ruime sop gekozen kon worden, moest echter eerst de nodige restauratie plaatsvinden aan de boot. Wie geen geld had (dat gold voor 90 procent van de eigenaars) moest zelf aan het werk. We leerden alles, spanten vernieuwen, masten maken en zeilen naaien. Na de nodige avonturen, gebroken masten voor Pampus, met vuilnisemmers midden op het IJsselmeer hozen om het lijf droog te houden, was het schip eindelijk redelijk vaarklaar. Dat moest gevierd worden. De bruine vloot viert bij voorkeur bij Ome Ko in Muiden. Vieren gaat gepaard met drank en zo werden wij dronken met Muier schipperbitter.

Muier schipperbitter is het drankje van de bruine vloot. In het najaar van 1984 hield distilleerderij De Kuyper uit Schiedam een kruidenbitterproeverij bij Ome Ko. Op initiatief van de horeca en reclamemensen werd gezocht naar een hartversterker tijdens de storm, een spraakwater voor in de kajuit.

Schipperbitter wordt geschonken uit een blauwe kruik met een rode dop en is vanaf het begin een groot succes. De smaak ervan ligt tussen Beerenburg en Jägermeister in, niet te bitter en lekker zoet. Vooral omdat de Duitse watersporters die ons land in de zomer overspoelen moeite hebben met het woord Muier, is de naam teruggebracht tot schipperbitter, hetgeen een doorsnee Duitser ook al moeilijk uit zijn mond krijgt.

De schipper van de VD 172 werd ziek en overleed in 1988. De kwak lag weg te teren op een terrein in Amsterdam-Noord. Twee Volendammers vonden het schip in 1993 en hebben de restauratie ter hand genomen. Nu vaart het schip weer op de voormalige Zuiderzee en wordt aan boord weer schipperbitter gedronken.

Schipperbitter
De VD 172, foto Jonah Freud

Schol

De ene partij is de schol (familie der Pleuronectidae, *Pleuronectes platessa*, Linnaeus). Het is de bekende platvis, tweekleurig, de bovenkant bruin met oranje stippen en de onderkant wit. En dan die gekke kop. Eigenlijk lijkt het net of God zich op het laatste moment bedacht en zei: ga jij maar plat zwemmen, kom hier, ik draai je kop wel even een halve slag...

De andere partij is Bram Cohen, sportvisser. Geen recreatievisser. Waar hij op vist, wordt opgegeten. Bram Cohen heeft veel kennis over de vissen waar hij op vist. Zijn vissen worden gevangen met respect voor de natuur. Net als de Indianen dat doen. Die namen ook alleen maar wat ze nodig hadden, om het evenwicht in de natuur te bewaren.

Vroeger al, in Haamstede, ging Bram Cohen graag mee met zijn ouders wanneer zij gingen zeevissen. Strand en zee waren in zijn jonge jaren altijd aanwezig. Vader stond met een hengel op het strand en viste op tong, schol en zeebaars. Moeder 'trok' garnalen. Met een handgemaakt net van zo'n zes meter lang liep zij tot aan de nek in het water, in de muien.

Bram Cohen woont nu in Leiden en gaat vissen in de buurt van Maassluis. Met zijn landrover vertrekt hij 's avonds om tien uur van huis om tot een uur of vier 's morgens te vissen. Hij trotseert alle gevaren om aan zijn vis te komen. Dat roept bij hem het gevoel op een jager te zijn, te zorgen voor je eigen eten. Om dat eten binnen te halen, moet je goed weten op welke plek je gaat vissen. Je moet het juiste aas hebben. En vooral ook de juiste spullen. Als er vis wordt gevangen, gaat deze meteen op ijs in de koelbox. 's Nachts bij thuiskomst wordt de vis schoongemaakt. De organen worden verwijderd, de vis wordt gespoeld en ingevroren.

Het is niet zo eenvoudig om vis te vangen en het kost veel tijd en geld. Maar deze bezwaren verliezen hun betekenis zodra de vis wordt bereid. En dan vooral niet ingewikkeld gaan doen. Heel simpel: de vis in de oven en genieten van de pure smaak. Hier heb je geen driesterrendiploma voor nodig, maar warenkennis. De favoriete vis van Bram Cohen is de schol, liefst eenvoudig klaargemaakt. Nadat de vis is schoongemaakt even bakken in de pan, serveren met gesmolten boter, citroen en aardappelpuree verrijkt met nootmuskaat en parmezaanse kaas.

Schol
De vijf schollen, detail, z.d.,
Pieter van Noort (1602-?),
collectie Dordrechts Museum

Schorseneer

Schorseneer
Schorseneren, 2004,
Jaap Roose, beeldbank
www.artrevisited.com

Keukenmeidenverdriet, winterasperge, armeluisasperge, aan bijnamen heeft de schorseneer geen gebrek. Ze vertellen veel over de groente. 'Asperge' verwijst naar haar lange, dunne uiterlijk, al is ze met haar zwarte, vaak zanderige schil niet moeders mooiste. Je mag ook groente niet op het uiterlijk beoordelen. Eenmaal geschild lijkt de schorseneer echt op een asperge, hoewel de smaak anders is. 'Winter' verwijst naar het seizoen van de schorseneer, 'armeluis' naar haar geringe aanzien als goedkope groente. Hoewel dat in een ver verleden moet zijn geweest. De schorseneer is nu een tamelijk exclusieve groente en kan in prijs niet op tegen de goedkope importasperges. Schorseneren hebben de reputatie lastig te zijn schoon te maken. Dat verklaart de bijnaam 'keukenmeidenverdriet'. In de praktijk valt het nogal mee, met een paar keukenhandschoenen is het een fluitje van een cent.

In beschouwingen over vergeten groente figureert immer de schorseneer. Vergeten is niet voor altijd vergeten. Trendwatchers kunnen haarfijn uitleggen waarom het herontdekken van vergeten groenten helemaal in de tijdgeest past. Vleesverlaters vinden troost in groenten. Milieubeschermers waarderen de kleinschalige, biologische productie, het behoud van diversiteit aan soorten en regionale verscheidenheid. Nostalgische liefhebbers koesteren de tradities, het streekeigene, het contact met de aarde en de elementaire eenvoud van de groenteteelt. Gastronomen appreciëren de rijkdom aan smaken, de culinaire traditie en de eerlijke keuken. Verschillende vergeten groenten maken hun comeback. Al zal het niemand verbazen dat vergeten groenten als schorseneren moeilijk verkrijgbaar zijn. In de groentespeciaalzaak en op de biologische markt wil het af en toe wel lukken.

Inmiddels is de schorseneer vooral populair in de eigentijdse restaurantkeuken, als garnituur bij wild of bij zwezerik, waarmee zij een mooi duo vormt, en vooral gefrituurd. De in dunne repen gesneden schorseneer kleurt goudbruin in het kokende vet en krult ook nog eens uiterst decoratief. Nog een voordeel, het zwarte schilletje misstaat niet, zodat je de schorseneer niet hoeft te schillen. Keukenmeidengeluk.

Selderie en selderij

Toen de Britse tuinontwerper Stephen Switzer rond 1720 terugkeerde uit Alexandrië, bracht hij in zijn knapzak een keur aan zaden mee, waaronder die van knolselderij. Vanaf dat moment beschikten we ook in West-Europa over de veredelde, verdikte wortel van de selderijplant, of selder, zoals de Vlamingen zeggen. Tot dan toe kenden we louter het krachtige groene kruid selderie, want zo heet het geurige blad (*Apium graveolens*) om het van knolselderij (var. *rapaceum*) te onderscheiden. In het wild kom je selderie tegen van de rand van West-Europa tot China. Het is een plant die regen en veengrond bemint, dus plukken de Ieren het langs oevers van beken die door hun turfrijke westen stromen. In geteelde vorm noemen we het kruid ook wel snijselderij; onmisbare smaakmaker in bami, soep of ragout (net zoals de knolvorm niet weg te denken is uit snert).

Er bestaat nóg een veredeld onderdeel van de selderijplant dat populair werd: de stengels. Ongebleekt worden ze in Nederlandse natuurvoedingswinkels verkocht als groenselderij. Veel sterker smakend dan de dikkere, gebleekte variant heb je maar de helft nodig om er een stoere bouillon van te trekken. Het bleekproces – ook een bekend fenomeen bij rabarber, kardoen en zeekool – is een eeuwenoud trucje van de Franse botanicus Olivier de Serres: hij plaatste lichtwerende materialen over ontspruitende planten om ze blank te houden en mild te stemmen. Tegenwoordig doen we dat chic met 'cloches': aardewerken, klokvormige potten. Vooral in Engeland is dat bleken aangeslagen (geen *vegetable plot* zonder cloche); misschien omdat de Britten zo graag bleekselderijstengels als knabbelgoed presenteren bij de borrel, zeker wanneer er een Bloody Mary wordt geschonken. De prijzige cloches zie je nu ook in Nederlandse tuincentra, maar PVC-kokers of - schone - rioolbuizen fungeren net zo goed, en zijn goedkope vervangers. Feitelijk is bleekselderij dubbel gebleekt want de struik beschermt binnenin een blanker hart van dunne sprietjes en teergele blaadjes. Versnipper ze maar en strooi ze bij het opdienen in je bordje soep. Of, in plaats van selderiezout, in je Bloody Mary.

Selderie en selderij
Foto uit het *Platenkookboek*, 1964

Snijboon

In ruitjes of sliertjes, voor blote billetjes in het gras

Snijboon
Snijbonen 100 cent per pond op de Albert Cuypmarkt in Amsterdam, foto Philip Mechanicus, 1958

Voor mij weerklinken in het piep-piep-piep van een ongesmeerde snijbonenmolen lome zomerdagen van weleer. Dan at je sla met komkommer, yoghurt met aardbeien en op zondag snijboontjes. Mijn broertje en ik mochten die door de molen jassen dus posteerde mijn moeder ons achter de tuintafel waaraan ze de molen vastschroefde: één kind om te slingeren, en één kind om de bonen in de gaten te priemen. 'En ook eens wisselen, hoor!' We aten snijbonen vers en kort gekookt, maar van mijn oma wist ik dat ze snijbonen vroeger weckte of inzoutte, voor de winterdag.

Snijbonen worden in de moestuin aan rechte rekken gekluisterd. Liefst hoge, dat is wel zo handig voor die lange pierlala's. Tussen hartvormig blad verschijnen halverwege de zomer platte bonen met het uiterlijk van een lange kano. Zo ongeveer zagen oude natuurvorsers ze ook, want ze gaven de bonen de naam *Phaseolus vulgaris*, wat zoiets als 'gewone zeilboot' betekent (dat zeil denk je er maar even bij). Na eeuwenlang kruisen is het precieze geboortejaar van de snijboon nauwelijks te duiden. Maar wat geeft het, met zo'n mooie plant? Ja, mooi, want er bestaat zelfs een ras dat we hier pronkboon of pronker noemen en dat je gerust kunt aanpoten in elke ordentelijke siertuin. Zag je ooit zulke schitterende witte, roze en vooral dieprode bloemen? Wanneer je snijbonen, maar ook dikke sperziebonen als spekbonen, flink lang laat doorgroeien, kun je ze drogen en dorsen, voor de blanke inhoud binnenin: witte boontjes. In het aloude gerecht 'blote billetjes in het groen' (of 'gras') eet je die samen met verse snijboonsnippers of –ruitjes. Een geval van fijne hereniging in de pan.

Een hoge haag van stoksnijbonen vormt een prima windschut, omdat het dichte gebladerte elk kwetsbaar plantje erachter hoedt voor 1 Beaufort of meer. In die hoedanigheid werden snijbonen gebruikt rond Amerongen, waar men tot en met de Tweede Wereldoorlog inheemse tabak teelde: een groot maar gevoelig gewas dat graag uit de wind werd gehouden. Die taak hadden de snijbonen, die derhalve een overzichtelijke bijnaam verdienden: Amerongse bonen, of korter nog, tabaksbonen.

PRACHT
30
HOLLANDSE
100

Snoekbaars

Snoekbaars
Overzicht van in Nederland verkrijgbare vissen met bovenaan de snoekbaars.
Uit *Kookboek van de Amsterdamse Huishoudschool*, 13e dr., zonder jaar

Hengelt u? Bent u dan ook zo 'sportief' om de gevangen vis weer terug te zetten? Zo ja, dan bent u raar, in mijn ogen. Jagen en vissen is goed, mits je de verworven beesten opeet. Verder doe je jezelf ernstig tekort wanneer je de koning van onze zoete binnenwateren laat ontglippen.

Ik heb het hier over de snoekbaars, een prachtvis met blank, verrukkelijk vlees, niet meer graten dan een kabeljauw en een fantastische smaak. Eigenlijk is dit culinaire wonder een exoot, een allochtoon, een gastzwemmer uit een gebied dat pas nu onderdeel wordt van de EU: het stroomgebied van de Donau en Oost-Europa. De Hongaren vissen hem in het Balatonmeer en verkopen hem als fogas voor veel geld op de Budapester markt, Russen bakken hun soedak in de oven, Roemenen stoven de salaul. Toen er in de negentiende eeuw een kanaal van die rivier naar de Rijn werd gegraven, was de weg naar onze dreven vrij. Daarbij ging men er in Duitsland toe over de smakelijke soort uit te zetten. Vervolgens was het nog slechts wachten tot de roofvis als een Kaninefaat de Rijn kwam afzakken. 'Den 16en Januari 1888 werd het eerste inlandsche exemplaar bij Milligen, boven Nijmegen, gevangen. Sindsdien heeft deze kostelijke visch zich aanvankelijk op onze benedenrivieren sterk vermenigvuldigd en zich vandaar allengs over het geheele land verbreid.' Dat schreef Dr. H.C. Redeke in 1941.

De snoekbaars is een roofvis die, anders dan de snoek, ook in troebel water kan jagen. Welnu, troebel water hebben we zat, in Nederland. Daarmee is de snoekbaars een welkome vijand van de brasem. Andere nieuwe snoekbaarslanden als België en vooral Frankrijk hebben de vis snel leren waarderen. Ga naar merengebieden als La Dombes, Lotharingen of Sologne en de menukaarten staan vol met bereidingen van *sandre*. Dol is men erop. Zo dol dat er ter plaatse helemaal niet genoeg snoekbaars is. Geen probleem, want Nederland heeft genoeg, terwijl de domme Nederlanders ze niet opeten. Exportbedrijf Hein Dil in Akersloot stuurt wekelijks ladingen *sandre* de grens over. Af en toe bestelt een verlichte Nederlandse kok eens wat. Dat is een evenement, bij Dil. Nu u nog. Maar zelf hengelen kan ook.

Snoekbaars
Zalm
Zalmforel
Forel
Regenboogforel

Speculaas

Het woord speculaas komt vermoedelijk van het Latijnse 'speculum', spiegel, en slaat op de manier waarop de koeken worden gevormd: het deeg wordt in de in houten planken gekerfde poppenvormen gedrukt, weer uit de plank geslagen en 'in spiegelbeeld' gebakken.

Speculaas
Speculaasje als boekenlegger, foto Philip Mechanicus, 2004

'Voor alle gebakken eetwaren onder de benaming "speculaas", "speculaaspop", "speculaasbrok", of onder enige andere benaming waarin het woord "speculaas" voorkomt, geldt de eis dat zij een voor speculaas kenmerkende smaak bezitten doordat zij de voor speculaas geëigende kruiden en/of andere geur- of smaakstoffen bevatten', staat in de officiële Verordening Speculaas. Maar Zeeuwen zijn nou juist dol op speculaas zónder speculaaskruiden. In een speculaastest kwam een Zeeuwse banketbakker dan ook als slechtste uit de bus met zijn product, dat, geheel volgens Zeeuwse speculaastradities, licht van kleur is (doordat er geen specerijen in zitten), smaakt naar een eenvoudig, zoet boterkoekje en bestrooid is met witte basterdsuiker. Als het om de oudste versie van speculaas gaat, hebben de Zeeuwen vast gelijk, want lang voordat in onze contreien de specerijen die in de diverse speculaaskruidenmengsels een rol spelen (kaneel, kardemom, kruidnagel, nootmuskaat, witte peper, anijs, koriander) bekend waren, gaf men elkaar al 'speculaaspoppen'. Het waren afbeeldingen van de Germaanse goden Freija en Wodan, die zich ondermeer bezig hielden met vruchtbaarheid en huwelijksgeluk.

De specerijen die in latere tijden uit het Oosten werden aangevoerd, waren kostbaar en koek waarin zo'n peperduur specerijenmengsel was verwerkt was natuurlijk iets voor hoogtijdagen. Het kan verkeren. Speculaas is al lang niet meer de speciale decembertraktatie waar praktisch iedereen zich op verheugde. Goedkope fabrieksspeculaas is een alledaags koekje geworden en de prijs van de duurdere soorten banketbakkersspeculaas heeft met andere factoren en ingrediënten te maken dan met de prijs van speculaaskruiden.

Diezelfde speculaaskruiden waren trouwens ooit de kern van een subtiele, maar zeer effectieve publiciteitscampagne: wanneer het seizoen weer was aangebroken en de speculaas de oven in ging, gooiden de banketbakkers een handvol van hun eigen, al dan niet geheime speculaaskruidenmengsel in het vuur. De geur die uit de schoorsteen kwam, verspreidde de boodschap dat het weer zover was en deed de buurtbewoners het water in de mond lopen. Een vorm van reclame die de neus van de Zeeuwse-speculaasbakkers dus voorbijging.

Nationaal
Kookboek.

Sponszwam

Hazen, die hem zeker voor bloemkool houden, knabbelen eraan en ook de herten en reeën weten er raad mee.
Jac. P. Thijsse, *Paddenstoelen*, Verkade-album 1929

Een dennenbos is saai en bedrukkend. De manier van aanplant roept een stram, paraat regiment op dat met blinkende knopen staat te wachten op een bevel om op te rukken. Meestal staan de bomen veel te dicht op elkaar, zodat er nauwelijks een straaltje zonlicht tot de bodem kan doordringen, waardoor die, op een laag naalden na, kaal blijft. In naaldbossen valt doorgaans weinig spannends te beleven op het gebied van eetbare paddestoelen – hooguit wat boleten die hopeloos verdwaald lijken. Tijdens het foerageren loop je zo'n dennenbos zo snel mogelijk door. Tot je ineens iets op de grond ziet liggen dat alles goed maakt: de grote sponszwam (*Sparassis crispa*), een niet te versmaden paddestoel, waarvan je blij mag zijn als je er elk jaar één vindt.

Het jaar 2002 heb ik uitgeroepen tot Het Jaar van de Sponszwam. Terugbladerend in mijn paddestoelendagboek, dat ik bijhoud sinds ik begonnen ben met paddestoelen zoeken, plukken en eten (1982), tel ik zestien exemplaren, allemaal gevonden in een radius van een halve kilometer, waarvan in 2002 vijf op één dag. Van een paddestoel met een omvang van gemiddeld 35 bij 12 centimeter geven dergelijke overvloedige hoeveelheden haast hetzelfde gevoel als mensen hebben met twee of drie appelbomen in hun tuin, die verzuchten dat ze geen appel meer kunnen zien, laat staan eten. (Ik wou dat ik hun problemen had, denk ik dan vanuit mijn huisje midden in de stad.)

Met vreugde begroette ik bij het schoonmaken de talrijke duizendpoten die ik uit hun labyrintische verblijfplaats moest verjagen. Mijn tuintje van postzegelformaat bood nieuwe wriemelruimte.Voor het eerst kon ik experimenteren, meerdere dagen, weken zelfs, sponszwam koken en eten, sponszwam inmaken en drogen: ik eet er nu nóg van. Vanaf die tijd staat dit edele witte landkoraal ('bloemkool' is mij veel te proletarisch) hoog in mijn paddestoelentoptien.

Sponszwam
In het *Kookboek van de Amsterdamse Huishoudschool* wordt uitgebreid aandacht besteed aan Nederlandse paddestoelen. Uit *Kookboek van de Amsterdamse Huishoudschool*, 13e dr., zonder jaar

Weidekringzwam. Eetbaar, lekker

Gladde inktzwam. Eetbaar, matig lekker.

Sponszwam. Eetbaar, indien jong.

Oranje groene melkzwam. Eetbaar, lekker.

Bruine ringboleet. Eetbaar, lek

Kruidige melkzwam. Geschikt om te kruiden.

Sprits

In de bakkerswereld wordt de basis voor sprits een boterdeeg genoemd. Dit deeg bestaat voor ten minste 50 procent uit vetstof, bij voorkeur boter. Boterdegen zijn vervolgens weer in drie categorieën onder te verdelen. Zet- of kneeddegen, zoals zandtaartdeeg en speculaas. Wrijfdegen, ook wel spuitbeslag genoemd; hiervan wordt sprits gebakken. En ten slotte roerdeeg of beslag, bekend van bijvoorbeeld cake.

Sprits smaakt als zandtaartdeeg (appeltaart of zandmoppen), maar kan niet worden gekneed. Er gaat namelijk zo veel boter en melk in dat je er beter de mixer voor kunt gebruiken. In plaats van uitrollen wordt het deeg met behulp van een spuitzak op de bakplaat gespoten. Een gekarteld mondstuk zorgt voor een fraai patroon van kransjes, rozetten, krullen, rechte reepjes of, de meest authentieke, de zigzag.

Belangrijk bij het recept is dat er gebruik wordt gemaakt van een harde boter die zacht geroerd is. Als de spritsen uit de oven komen, duurt het nog even voordat het de herkenbare 'knisperige' bijt krijgen. De vetten die gebruikt zijn, moeten namelijk eerst helemaal afkoelen en weer 'uitharden'. Het is dus erg belangrijk harde boter te gebruiken. Gebruik géén zachtere of vloeibare boter omdat dit zo gemakkelijk en snel zacht zou roeren. Deze spritsen zullen nooit krokant worden omdat de boter niet zal uitharden.

Er zijn diverse soorten spritsen, zoals Parijse spritsen. Hierin zijn eidooiers en amandelspijs verwerkt. Ze hebben een zachtere structuur na het bakken. Door Utrechtse spritsen zijn eiwitten gemengd en Goudse spritsen zijn gemaakt met eiwitten en gepelde amandelen. Maar er zijn ook niet-plaatsgebonden varianten als kaneelspritsen, waar een theelepel gemalen kaneel aan het deeg is toegevoegd, of chocoladespritsen, die met een uiteinde in gesmolten pure chocolade zijn gedoopt. Allemaal heerlijke, typisch Hollandse koekjes, bij de thee of koffie van mijn schoonmoeder, uit het bekende koektrommeltje.

Sprits
Foto David van Dijk, 2004

Spruitje

Spruitje
Spruitjes zijn kleine kooltjes die groeien in de bladoksels aan de stam van koolplanten. In dit gebaar zie je die oksel in terug in de L-vormige hand. Met de andere hand beeld je de spruiten uit in de vorm van een O, waarmee je aangeeft waar het spruitje aan de plant zit. Het gebaar voor spruitje is te vinden op de website www.vitaal.denhaag.org van Stichting Vi-taal.

Als ik spruitjes zie, denk ik aan de tijd dat er rondom ons dijkhuis alleen maar spruitenland was. Barendrecht en z'n polders eromheen zijn beroemd om de goede kwaliteit spruiten.

Onze kinderen speelden in het spruitenland tussen de spruitenstokken van wel 80-100 centimeter hoog. Er werd een aantal stokken uit de grond getrokken en zo ontstond een hut, waar naar hartelust gespeeld werd. 's Avonds kwamen ze dan thuis met een spruitenstok en werd er met z'n allen geplukt. Wie weet nog waar de spruiten vandaan komen en hoe ze groeien? Mijn kinderen.

Je hebt drie oogstmomenten, de vroege rassen zijn tussen augustus en september aan de beurt, de middellate rassen worden in december geoogst en de late rassen van januari tot maart. Zelfs in de zomer worden er spruitjes aangevoerd, maar dan uit Canada. Geteeld door Nederlandse emigranten. Zouden we de spruit niet gewoon een typische wintergroente moeten laten? Wees eerlijk: gekookte kooltjes, want dat zijn het eigenlijk (kleine groene kooltjes), moet je alleen in de winter eten. Want juist dan hebben we die grote hoeveelheid vitamine C die ze bevatten zo hard nodig.

Er bestaan vele rassen die steeds verder veredeld worden, vooral op smaak. Waarom eigenlijk? Spruitjes horen te smaken zoals ze smaken, enigszins bitter. Deze bittere smaak wordt veroorzaakt door twee stoffen: sinigrine en progoitrine. De bitterheid neemt toe naarmate de spruiten ouder zijn. Als de vorst erover is geweest, worden ze juist weer wat zoeter.

Mijn vader wilde het liefst kleine spruitjes, de grote vond hij 'stamp'spruiten. En gelijk had hij, kleine spruitjes, zeer kort gekookt, zijn heerlijk. Grote spruiten zijn prima om te stampen. En spruitjeslucht? Ach wat zeuren we, té lang gekookte spruitjes ruiken minder prettig, maar die zijn ook lang niet zo lekker! De enige spruitengeur die echt niet aantrekkelijk is, is de lucht die bij ons in de polder hing als de spruiten geoogst waren. De spruitenstokken bleven achter op het land en deze gingen rotten: dat stinkt.

Stokvis

In de Middeleeuwen was de handel in gedroogde en gezouten vis een belangrijke industrie: tijdens de vele dagen waarop er door religieuze voorschriften geen vlees mocht worden gegeten, was men aangewezen op vis. Vrijdag was zo'n dag. Buiten het visseizoen, en in streken waar geen verse vis voorhanden was, vormde geconserveerde vis een belangrijk voedingsmiddel voor dergelijke vastendagen. De handel speelde daar handig op in: als er een belangrijke vastendag of -periode naderde, stegen de prijzen van stokvis en andere geconserveerde vis flink.

Stokvis wordt vaak verward met klipvis of bakkeljauw, maar er is een wezenlijk verschil: Klipvis of bakkeljauw is gezouten en gedroogde vis, stokvis is alleen gedroogd. Stokvis bevat nog minder vocht dan klipvis, en is véél harder. 'Stokvis eten' heeft ook de betekenis 'een pak ransel krijgen' - met een stok natuurlijk!

De bereiding van stokvis is arbeidsintensief: de vis moet uren, zo niet dagen, weken in water dat regelmatig moet worden ververst. Vervolgens moeten het vel en de graten worden verwijderd, en ten slotte wordt de vis gekookt, waarbij het kookwater regelmatig moet worden afgeschuimd. In een Frans recept uit de veertiende eeuw wordt zelfs aangeraden de stokvis vóór het weken een uur lang met een hamer te bewerken. Dit lijkt wat drastisch, maar hetzelfde recept geeft ook aan dat stokvis wel twaalf jaar lang bewaard kan worden. Misschien is voor zo'n stokoude stokvis de hamer echt nodig. Overigens wordt het beuken op stokvis in moderne recepten soms ook nog aangeraden. Na het koken en ontgraten wordt de stokvis verder bereid: er kan geklaarde boter over, een botersausje, uiensaus of mosterdsaus, om maar wat traditionele combinaties te noemen.

Stokvis is bijna uit de keuken verdwenen. Het past niet in de binnen-een kwartier-op-tafel-cultuur van deze tijd. Dat is jammer, want stokvis is lekker.

Stokvis
Illustratie van I. Spreekmeester
uit het *Margriet Kookboek*, 1962

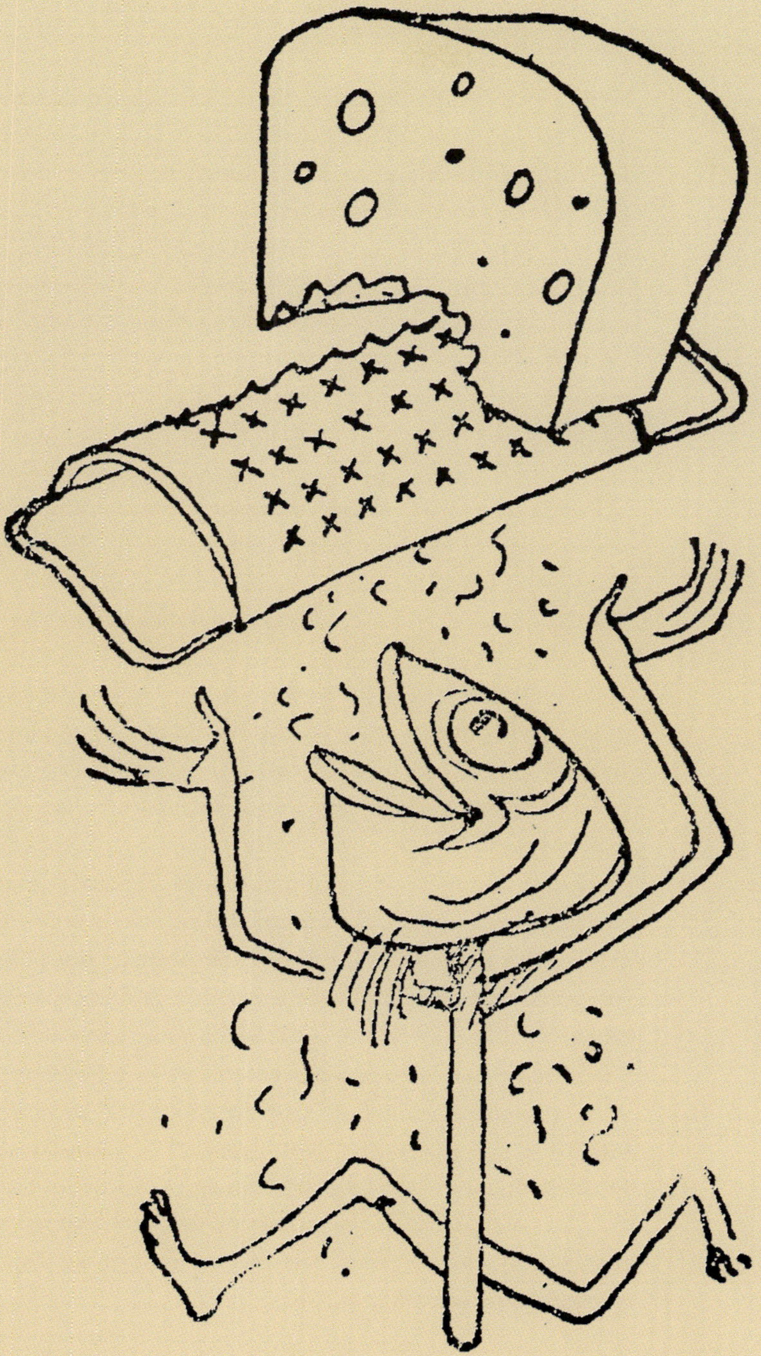

Stroopsoldaatje

Stroopsoldaatje
Illustratie Stang Gubbels, 2004

Meer dan tienduizend jaar geleden werd voor het eerst suikerriet gevonden in Melanesië, in Nieuw-Guinea. De suikerrietverbouwing breidde zich oostwaarts uit, om via Indonesië en India, China te bereiken. De rietstengels werden uitgeperst en het verkregen sap verdampt. In de bruine kleverige brij ontstonden kristallen. Deze massa noemden ze 'sarkara', waarvan ons woord 'suiker' is afgeleid. In de zevende eeuw leerden de Arabieren op hun beurt het suikerriet kennen. Ze verbeterden de zuiveringsmethoden van de stroop. Dat leverde een donkerbruin, kleverig product op dat ze 'Khurat al Milh' noemden. Inderdaad: karamel.

Eeuwenlang werd suiker alleen in de Arabische wereld gewonnen. Het werd pas vanaf de twaalfde eeuw, toen kruisvaarders uit het Heilige Land specerijen meebrachten, in ons land bekend. Nederland bracht het suikerriet terug naar Indonesië, vanwaar op grote schaal suiker werd geïmporteerd. Na het afschaffen van de slavernij, werd rietsuiker onbetaalbaar en kwam de grootschalige productie van suikerbieten op gang. De DSM-fabriek bij Halfweg is daar een goed voorbeeld van.

In Nederland werd een grote variëteit aan snoepgoed gemaakt van gesmolten suiker. Men spreekt bij gesmolten suiker van verschillende smeltstadia, die te maken hebben met de smelttemperatuur. Om fondant te maken wordt de massa tot 115 graden verwarmd (het dunne-draadstadium) en van tot 150 graden verwarmde suiker (het kraakstadium) maakt men lollies. Karamel wordt verkregen bij een temperatuur boven de 160 graden. Een suikerthermometer is bijna onmisbaar.

De stroopsoldaat wordt gemaakt door 1,5 deciliter water met 500 gram suiker onder voortdurend roeren te verwarmen tot het draadstadium: 135 graden. Om de kristallisatie te reguleren kan citroensap worden toegevoegd. Giet de stroop op een ingevette marmeren plaat en schep het goedje af en toe met een ingevette schraper naar het midden. Trek, als de massa voldoende is afgekoeld, een handzaam deel met ingevette handen tot een draad. Vouw de draad dubbel, draai hem in elkaar en trek hem nog een keer tot een draad. Hoe vaker je trekt, hoe lichter de draad wordt. Knip de draad tot delen van potloodlengte en draai ze in bakpapier tot stroopsoldaatjes.

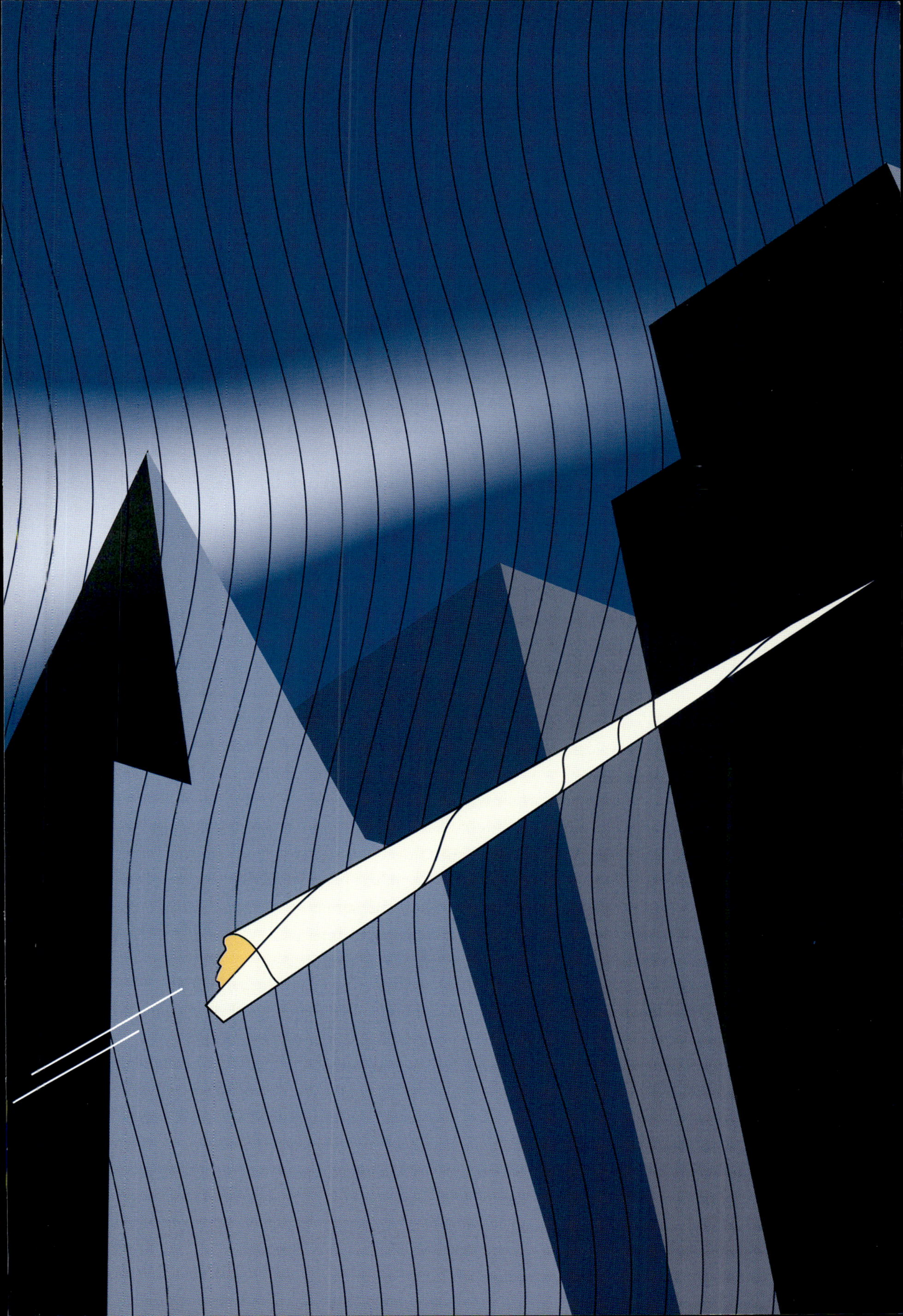

Stroopwafel

Een zaterdagmiddag op een markt ergens in Nederland. De geur van versgebakken, nog warme stroopwafels hangt overal. Kinderen krijgen zakjes met de restsnijdsels van de wafels. Een bijzonder Hollands tafereel. De stroopwafel is nog steeds veruit het populairste koekje in ons koekminnende landje; we eten jaarlijks zo'n 300 miljoen stroopwafels. En het is een exportproduct om trots op te zijn. De gouden wafels zijn populair tot in Saudi-Arabië, China, Zuid-Afrika en Amerika.

Tot 1920 vond je de stroopwafel alleen in haar geboorteplaats Gouda. Al in 1819 werd daar de eerste stroopfabriek geopend. In 1840 was het eerste recept van Goudse stroopertjes bekend. Het werd gemaakt van deegresten en kruimels gevuld met stroop. Goedkoop en daarom 'armenkoeken'. Ook in Nederland legde armoede de culinaire erfenis geen windeieren. Later werden stroopwafels van luxer boterdeeg gemaakt en had iedere Goudse bakker zijn eigen recept. De tot dan toe dikke wafel transformeerde in een flinterdunne krokante wafel met stroop ertussen. Gebakken in een ijzer op het gas en niet meer in het open vuur. De wafel die op die manier gebakken werd, bleek te hard. Vanaf 1920 ontstaan er speciale stroopwafelfabrieken waar de wafels worden gebakken in ronddraaiende ovens met vele ijzers.

Tegenwoordig zijn er alleen al in Gouda zo'n zestig bakkerijen actief, maar de stroopwafel wordt ook in de rest van Nederland gemaakt. Het woord wafel komt van het Duitse woord weben, of Wabe, en is te danken aan het diamantvormige patroon op de wafel. De stroopwafel wordt ook wel 'siroopwafel' genoemd, omdat de stroop van boter en kaneel tot een siroop wordt verhit.

Ondanks de enorme consumptie van stroopwafels sterven de traditionele stroopwafelbakkers langzaam uit. Gelukkig zijn er ambachtelijke standwerkers op de markt die ons met de geur van versgebakken stroopwafels kunnen verleiden.

Stroopwafel
Foto Philip Mechanicus, 2004

Sudderlap

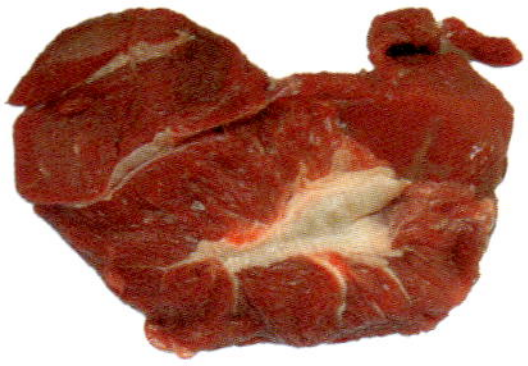

Sudderlap
Foto uit het *Eigentijdse Kookboek*, 1971

How Dutch can you get? Stoofvlees, sudderlappen, noem het en een ieder droomt van oma's keuken, waar achter een piepklein venstertje van mica het petroleumvlammetje brandde. Sommigen krijgen daar warme gevoelens bij, anderen brandend maagzuur, maar het is innig verbonden met onze collectieve herinnering. Toch zijn daar in de loop van de tijd heel wat onzuiverheden ingeslopen. Denk maar eens na: over wat voor soort vlees hebben we het? Rundvlees? Ja, dat kan. Dat zal het vaak geweest zijn. Maar paardenlappen werden ook heel dikwijls opgezet, iets wat de meeste herinneraars verdrongen hebben. Nog zo'n aberratie: draadjesvlees. Die naam kan haast niet anders dan ontstaan zijn in de tijd dat de petroleumstellen werden weggedaan. Suddervlees is namelijk gebaat bij een zeer lage temperatuur, bij het petroleumstel dus. Probeer je het te maken op het o zo moderne aardgas, dan verstijven de vezels en drogen ze uit. Inderdaad, dat is draadjesvlees, stugge vezeltjes als een gebraden kokosmat in een bak jus.

Ach, er is nog veel meer veranderd. De ware sudderlapjes maak je van goed doorregen vlees, maar dat blieven we niet meer. Het Voedingscentrum preekt hel en verdoemenis als we bij de slager niet vaak genoeg het woord 'mager' prevelen. Dus wil iedereen vetloos vlees. Helaas zit de smaak juist in dat vet. Nou ja, wat zou het. Geen hond die tegenwoordig nog sudderpotten maakt. Geen tijd. Jammer hoor. Want lekker is het. Trouwens, je kunt van allerlei beesten stoofpotten maken, niet alleen van runderen en paarden. Van lamsvlees, van geit, van varken. Dat gaat nog snel ook.

Het verschil is alleen dat je dat vlees niet in lapjes klaarmaakt. En nu ik erover nadenk, waarom doen we dat met rundvlees eigenlijk wel? Dikke brokken, zoals je in allerlei buitenlanden tegenkomt, zijn vaak veel smakelijker. Waarom moeten wij van de zuinige lapjes hebben? Misschien omdat we minder tegelijk maken. Dan ziet het er nog een beetje uit, in een pan. Ook weer zoiets. Stoofpotten worden lekker als het veel is. Grote gietijzeren cocottes en daubes van aardewerk vol. Genoeg geklaagd. Tijd om weer eens een enorme pan hachee te maken, met heel veel ui en heel veel laurier. Lekker.

Suiker

Suiker
ahorn–, basterd–, be–en, biet–, biet–stroop, bijen–, bloed–, bloed–spiegel, bloed–spiegelbepaling, bloed–spiegelcurve, bloed–spiegelmeting, bloed–spiegelschommeling, blok–, brood–, bruids–, confectie–, druiven–, fondant–, fruit–, geboorte–, gelei–, ge–d, grein–, in–en, invert–, kandij–, kandij–brok, kaneel–, karamel–, kristal–, melasse–, melk–, mout–, nep–, oer–, palm–, peren–, poeder–, riet–, riet–plantage, riet–stroop, riet–teelt, –aandeel, –aanplant, –aarde, –abrikoos, –accijns, –achtig, –afdeling, –afscheiding, –afval, –alcohol, –aluin, –amandel, –appel, –arm, –automaat, –baal, –bakker, –bakkerij, –bakkersband, –bakkersstijl, –bakkerswaren, –bakkerswerk, –bakkerswinkel, –balletje, –beest, –behoefte, –belasting, –beperkt, –bereiding, –bericht, –berk, –bes, –beschuit, –beurs, –biet, –bietenberg, –bietenboer, –bietencultuur, –bietenoogst, –bietenoverschot, –bietenpulp, –bietensap, –bietenteelt, –bietenveld , –bol, –bolletje, –boom, –boon, –bouw, –brood, –bus, –campagne, –chemicus, –chemie, –contract, –contractant, –conventie, –cultuur, –deeg, –dieet, , –diefje, –diertje, –dip, –dividend, –dosis, –draad, –dragee, –eekhoorn, –en, –erwt, –esdoorn, –fabriek, –fabrikant, –fantasie, –feest, –feestviering, –figuurtje, –fobie, –fondant , –gast, –gebak, –gehalte, –gehaltebepaling, –gierst, –glazuur, –goed, –haak, –handel, –handelaar, –hars, –hart, –hoed, –hoek, –houdend, –huishouding, –ig, –ij, –ijlof, –ijwortel, –industrie, –intolerantie, –jaar, –jan, –jannetjes, –jennetjes, –jongen, –kalk, –kevers, –kind, –klontje, –koek, –koker, –kool, –koper, –korrel, –kristal, –laag, –land, –lepeltje, –lijder, –lord, –maïs, –mannetje, –markt, –meloen, –mes, –meter, –molen, –monster, –mot, –muisjes, –netel, –onderneming, –oogst, –oom, –opbrengst, –oplossing, –pakhuis, –palm, –pan, –papier, –patiënt, –peentje, –peer, –peul, –pikkie, –pinda, –pis, –plant, –plantage, –planter, –poeder, –popje, –poppetje, –pot, –premie, –prijs, –productie, –proefstation, –raffinaderij, –raffinadeur, –rasp, –riet, –rietaanplant, –rietaanplanting, –rietcultuur, –rietmolen, –rietoogst, –rietsap, –rietstengel, –rietvezel, –rijk, –rol, –schaaltje, –schaar, –schep, –school, –siroop, –smaak, –soort, –spek, –spiegel, –spiegeldaling, –spiegelschommeling, –spiegelstijging, –spin, –spinmachine, –spinstalletje, –strooier, –stroop, –stuk, –surrogaat, –syndicaat, –tand, –tang, –tante, –techniek, –tering, –thermometer, –tje, –trust, –uitscheiding, –ulevel, –unie, –vaasje, –vat, –veiling, –veld, –verbinding, –verbruik, –verslaafde, –verslaving, –vervanger, –vlinder, –vogel, –voorziening, –vorm, –vorming, , –vrij, –vrucht, –wafel, –water, –weger, –werk, –werkfabriek, –wet, –wier, –winning, –wortel, –zak, –zakje, –zakjesverzamelaar, –zeep, –ziek, –zieke, –ziekte, –zoet, –zuur, –zwam, vanille–, ver–d, ver–en, ver–ing, vruchten–

Suiker
Advertentie van de Centrale Suiker Maatschappij voor diverse verpakkingen van suiker en stroop. Foto uit *Handig Huishouden, deel 2: doelmatige voeding*, 1962

Sommige processen leiden tot bewondering voor onze voorouders. Ze moeten ze met veel pijn en moeite ontwikkeld hebben, terwijl wij ons veel te weinig bewust zijn van de processen die plaatsvinden om onze dagelijkse levensbehoeften op tafel te krijgen. Neem de suikerbiet, hoe hebben ze het ooit voor elkaar gekregen om daar suiker uit te toveren?

Een suikerbiet die van het land komt, bevat meestal nog veel slijk. Via een speciale transportband wordt het meeste slijk eraf geschud. Vervolgens wordt onder hoge druk de biet schoongespoten. De gereinigde bieten gaan in een snijmolen. De bieten worden er in kleine stukjes geraspt. Die kleine stukjes biet noemt men snijdsels. Die snijdsels komen terecht in een grote, cilindervormige trommel: de diffusor. Door de diffusor stroomt warm water. De suiker verlaat de snijdsels en komt in het water terecht. We noemen het water vanaf dat moment diffusiesap. Wat van de snijdsels overblijft, is de pulp.

Het diffusiesap bevat nog veel onzuiverheden. Met behulp van kalk, koolzuur en filters worden die verwijderd, het sap is nu doorzichtig geworden. In de suikerfabrieken heet dit stroop. Wat in de filters achterblijft, noemt men schuimaarde. De stroop bevat nog veel water. Door deze verschillende malen aan de kook te brengen, houdt men uiteindelijk dik sap over. In de suikerstroop verschijnen korrels: de suikerkristallen. Om die suikerkristallen te scheiden van de rest van de stroop, doet men ze in centrifuge. In de centrifuge wordt de stroop weggeslingerd, de suiker blijft in de ketel. Zo verkrijgen we kristalsuiker. Wat rest is een minderwaardige, zoete stroop: melasse.

De kristalsuiker gaat nog even in de droogtrommel voordat ze in grote silo's wordt opgeslagen. Jaarlijks wordt in ons land op 115.000 hectare grond suikerbiet verbouwd. Van alle in Nederland geproduceerde suiker gaat ongeveer 85 procent naar de industrie en 15 procent rechtstreeks naar de consument.

1 kg netto
KRISTAL
CSM
SUIKER
AMSTERDAM
Afternoon Tea Cubes
WESTER
CSM
THEEKLONTJES
N.V. CENTRALE
AMSTERDAM
WESTER
ZUIVERE
CSM
AMSTERDAM
WESTER
GOLDEN SYRUP
CSM
PURE CANE SYRUP
½ kg netto
CSM
BASTERD
½ kg netto
WITTE
CSM
BASTERD
Dobbelsteentjes
WESTER
CSM
KLONTJES
N.V. CENTRALE
WESTER
ZUIVERE
CSM
AMSTERDAM
CSM
Dobbelsteentjes
½ kg netto
WESTER
CSM
GERANGEERDE
WESTER
SNEL
OPLOSBAAR
CSM
TABLETTEN
AMSTERDAM
WESTER
CSM
1 kg netto
CASTOR
CSM
SUIKER
AMSTERDAM
½ kg netto
CSM
BASTERD
1/2 kg netto
KRISTAL
CSM
SUIKER
N.V. CENTRALE
AMSTERDAM

Suikerbrood

Friesland is een land van tradities. In Bolsward wordt ieder jaar de 'Heakeninginne', de hooikoningin, gekozen en in Franeker gaan al meer dan 150 jaar enkele duizenden Friezen op een warme zomerse woensdag uit hun dak voor de belangrijkste kaatspartij van het jaar. Aangezien er niet iedere winter een Elfstedentocht kan worden geschaatst, is er in Friesland een traditie van gemaakt om op Tweede Pinksterdag de tocht der tochten op de fiets te maken. En in september staan de patriotten uit de Friese bevolking op het Roode Klif om de overwinning te herdenken op de Hollanders in 1345. Dat bleek helaas een Pyrrusoverwinning, want Friesland is nooit gevrijwaard van Hollandse invloeden. Zo trakteren Friese ouders net als de Hollandse tegenwoordig op beschuit met muisjes wanneer er een baby geboren is. Een gewoonte die in Friesland door toedoen van Hollanders is ingeburgerd.

Toen mijn moeder geboren werd, kreeg mijn beppe een suikerbrood. Dat was de traditie; bij de geboorte van een meisje kreeg de kraamvrouw een suikerbrood, bij de geboorte van een jongetje was het een krentenbrood. Gewend aan het dagelijkse grove volkoren brood, dat 'brea' genoemd werd, was witbrood voor de Friezen destijds een traktatie die alleen bij bijzondere gelegenheden werd gegeten. De witte broden werden als een bol gebakken. Vandaar de naam 'bole' als onderscheid van het 'brea'. Pas later werd het door de bakkers in een rechthoekige vorm gebakken en geknipt. Een witbrood waarvoor melk gebruikt was in plaats van water en dat bovendien nog vol zat met suikerklonten en kaneel was een lekkernij, een kersverse moeder waardig.

Maar helaas is deze traditie verloren gegaan en verslikt ook de Friese kraamvisite zich tegenwoordig in droge beschuit met chemisch gekleurde hagelslag. Gelukkig is het suikerbrood wel gebleven. Er kan geen Hollandse hotemetoot in Friesland op officieel bezoek komen, of hij of zij wordt verrast door een in Friese klederdracht gestoken kleuter die een traditioneel gebakken Fries suikerbrood aanbiedt.

Suikerbrood
Suikerbrood met een krul échte boter, foto David van Dijk, 2004

Tompoes

Tom Pouce trad in 1857 op aan het Amsterdamse Singel. Hij hield een rede over het huwelijk, deed een Schotse dans en imiteerde Napoleon. Général Tom Pouce was de Franse artiestennaam van Charles Stratton, in Amerika en Engeland heette
hij general Tom Thumb.

Charles Stratton, geboren in 1838 aan de Amerikaanse oostkust, stopte vijf maanden oud met groeien. Hij was slechts 7,5 kilo zwaar en 63,5 centimeter lang. Op zijn vijfde jaar trad hij al op. Tom Pouce werd bijzonder geliefd en maakte verschillende tournees, niet alleen door Amerika maar ook door Europa. Chocolade poppetjes, een polka en een café in Parijs zijn naar hem genoemd. Het is dus niet zo verwonderlijk dat een Amsterdamse banketbakker op het idee kwam Tom Pouce met een taartje te eren.

De Hema is hem er nu nog dankbaar voor. De rookworst is nummer een in de gewoonste zaak van de wereld, maar de tompoes moet een goede tweede zijn. Het taartje is door zijn constructie moeilijk te eten. Behalve als je het demonteert is het niet aan te snijden of weg te happen zonder dat de vulling ertussenuit knijpt. Dat ongemak heeft geen invloed op de populariteit ervan. Twaalf miljoen tompoezen verkoopt alleen al de Hema per jaar.

Het simpele taartje is gemakkelijk om te bouwen tot gelegenheidsgebak. Met oranjeglazuur en een rood-wit-blauw-vlaggetje is het een bijna universeel feesttaartje. Zowel bij voetbalfestijnen als bij blijde gebeurtenissen in de koninklijke familie weet de tompoes de feestvreugde passend te vergroten. Ondanks zijn volkse karakter, of misschien wel juist daarom, is de tompoes een inspiratiebron voor de ambitieuze kok. Zo kun je in een sterrenrestaurant best een tompoes van zwezerik en bloemkoolzalf op je bord krijgen. Geen gerecht dat Ollie B. Bommel als een eenvoudige doch voedzame maaltijd zou beschouwen. Tom Poes, zijn trouwe metgezel, ontleent echter wel zijn naam aan de tompoes.

Tompoes
Staatssecretaris Nicolaï van Europese Zaken deelt aan de vooravond van de uitbreiding van de Europese Unie speciale Europa-tompoezen uit bij het Catshuis. Foto Merlin Daleman, in opdracht van NRC Handelsblad, 2004

Ui

De ui staat voor niets, dus staat zij voor alles. De ui is groot in haar eenvoud. De bijzonder gewone ui. Luister naar wat zij biedt: de ui verzacht het karakter en bevordert zowel urinelozing als bijslaap. Scherpt de ogen, maar dat werkt weer verharding van het karakter in de hand. Weerhoudt tevens voortijdige zaadlozing, een behoefte die soms zeer actueel kan zijn. Onze bloedeigen ui. Die wij juist in onze eigen taal zo'n bijzondere plaats hebben gegeven. De ui is een mooie klank om uit te spreken. Een zuiver en sluitend, kuis en luisterrijk geluid. De ui is vegetarische poëzie.

'Unio' is een laat-Latijns woord dat 'witte parel' betekent. De Romeinen vonden het woord mooi genoeg om er een laag-bij-de-gronds en oorspronkelijk uit Centraal-Azië afkomstig gewas mee te dopen. Waar wij nu gedachteloos ui tegen zeggen. Tussen die twee woorden schuilen oignon, ajuin en uyen. Uyen met Griekse Y is zeventiende eeuw enkelvoud. Eén uyen, twee uyens. Zo hoort het. Het woord ui is een ingeburgerde verkorting.

Het is geen fruit, maar wanneer je aan groente denkt, komt de ui ook nauwelijks om de hoek kijken. Een ui is een ui is een ui. Een ui is alles. De ui is overal, in elke cultuur en eindigt in elke maag. De uiloze mens bestaat niet. Eigenlijk nog te weinig eer voor een zo veelzijdige constructie. De natuur is zich wel zeer te buiten gegaan om voor zoiets eenvoudigs zo'n unieke architectuur te reserveren. De ui is een lelieachtige, maar laat zich daar nooit op voorstaan.

Omdat de ui overal is, wordt zij nauwelijks meer ervaren als het wonder dat zij is. De ui is overal. Tegelijkertijd zo exclusief als niets anders. De ui is een wat mollig uitgevallen danseresje in roomwitte tutu. Dat je eerst tot smartelijke tranen brengt en daarna met zoete kussen het hof maakt. De ui is even onweerstaanbaar, en alleszins de moeite waard om gezien te worden. In elk mens sluimert ultiem uibewustzijn. Iedereen is klaar om in een betoverende uidroom wakker te worden.

Ui
Foto Philip Mechanicus, 1994

Van Houten

De naam Van Houten kom je niet vaak meer tegen in de winkelschappen. In de geschiedenis van de chocolade blijft hij echter voortleven. Coenraad van Houten komt in elke beschouwing over de evolutie van cacaoboon tot chocolade voor.

In 1825 ontwikkelde hij een methode om met behulp van hydraulische persen een groot deel van de cacaoboter uit de cacaomassa te halen. Als je de harde koek die overblijft na het eruit walsen van de cacaoboter maalt, dan krijg je cacao. Een paar jaar later ontwikkelde Van Houten een techniek om de cacao door behandeling met alkalische zouten nog beter oplosbaar te maken in water. Het proces is internationaal nagevolgd en staat nu nog bekend als 'dutching'.

Van Houten deed een belangrijke stap in de ontwikkeling van de chocoladereep en andere vormen van gemakkelijk eetbare chocolade. De cacaopoeder leidde zelfs tot de democratisering van de chocoladedrank, die tot dan toe was voorbehouden aan de elite. Voor de vinding van Van Houten waren chocoladedrank noch 'chocolade' erg smakelijk. Gemaakt van fijngemalen cacaobonen, hadden ze een onaangenaam hoog vetgehalte.

Casparus, de zoon van Coenraad, bracht de cacao aan de man met voor zijn tijd revolutionaire reclametechnieken als posters, wervende teksten op de paardentram en de eerste reclamefilm in 1899. Op de affiches en in de film toonde Van Houten de heilzame werking van chocolade op de gezondheid. Zelfs een zieke ambtenaar knapte ervan op.

Wereldwijd werd de cacao in de befaamde gele bussen met succes verkocht, maar na de Tweede Wereldoorlog ging het allengs minder goed. Van Houten had geen antwoord op de toegenomen internationale concurrentie. In 1972 sloot de fabriek in Weesp de poorten en het merk Van Houten werd verkocht. Er is een kleine schare enthousiaste Van Houten-fans die alles doen om parafernalia als oude cacaoblikken en affiches te verzamelen. Opdat we nooit de verdienste van Van Houten voor de chocoladeliefhebber zullen vergeten.

Van Houten
Baas Lepelaar maakt in een handomdraai chocoladepudding voor de vriendjes Chico, Chaco en Choco. Illustratie uit *Chico, Chaco en Choco* van Arnold F.K. Trippelaar, uitgave C.J. van Houten & Zoon, zonder jaar

Verkade

1918: de bakkerij van Ericus Gerhardus Verkade, in 1886 opgericht als Stoombrood en Beschuitfabriek 'De Ruyter', kampt als gevolg van de Eerste Wereldoorlog met een gebrek aan grondstoffen. Meel en gist zijn nauwelijks te krijgen. Suiker is er genoeg. De familie Verkade besluit zich te gaan richten op de fabricage van suikerwerk en bonbons. Couverture voor de bonbons wordt ingekocht bij derden. Maar al snel gaat Verkade over tot het zelf maken van chocolade. De Verkadereep wordt geboren.

De voornaamste grondstof voor chocolade vormen cacaobonen, afkomstig van cacaobomen in Midden- en Zuid-Amerika en Afrika. Ze worden ter plaatse uit de cacaovrucht verwijderd, gefermenteerd en gedroogd. De bonen worden verscheept naar Amsterdam, de grootste overslaghaven voor cacao ter wereld. Na hun aankomst aan de Zaan, ondergaan de bonen een langdurig bewerkingsproces van reinigen en roosteren, mengen en malen, walsen en kneden, schommelen en roeren. Ten slotte wordt de fluweelzachte, vloeibare chocolademassa in vormen gegoten, voornamelijk tabletten en repen.

Verkade doet goede zaken, zelfs in de crisisjaren. De Verkade-plaatjes geven aanleiding tot een ongekende verzamelwoede en blijken een ingenieuze marketingmethode. Er is geld genoeg voor investeringen. In 1937 wordt aan de oever van de Zaan een moderne fabriek gebouwd voor de productie van chocolade. In tien jaar tijd verviervoudigt de omzet.

Tweede helft van de twintigste eeuw: chocolade van Verkade groeit uit tot een begrip. In tegenstelling tot Engelsen, die het liefst melkchocolade eten, en de Fransen, die de voorkeur geven aan bittere chocolade, houden Nederlanders van afwisseling. Het assortiment smaken breidt zich uit van eenvoudig melk en puur naar witte chocolade, chocolade met hazelnoten, studentenhaver, stukjes karamel. Chocoladeletters, al op kleine schaal bekend sinds 1900, beginnen een culturele traditie te vormen en Sinterklaas koopt ze bij Verkade.

2001: Verkade besluit haar verouderde Zaanse chocoladefabriek na ruim zestig jaar te sluiten. De productie van de repen, letters en ander chocoladewerk wordt door een productiebedrijf overgenomen. De oude fabriek staat werkloos aan de bedrijvige Zaanoever. De naam Verkade blijft.

Verkade
Illustratie uit *Natuurlijk Verkade*, een jubileumboek over de geschiedenis van Verkade

Verkade
ook voor
Chocolade!
5 cts
reep
Verkade
NATUREL
Verkade
MELKSMAAK
Verkade
HAZELNOOT
FORTICA

Vlierbes

vraag het hem eerst als je
bloesems
of bessen plukt vlier
zegt altijd ja maar heeft
humeur en geheugen
Ed Leeflang

Als geen ander gewas is de vlier een boom van tegenstrijdigheid: bejubeld en verguisd, gecultiveerd en uitgerukt, vereerd en veracht. Boom en vrucht zijn door dichters zowel bezongen als belasterd – de bloesem vergeleken met een snee witbrood, een schotel room, de geur ervan met kattenpis, de bessen met geweerhagel, kralen en kaviaar. Het bijgeloof en de mythen en legenden die de struik van oudsher omringen zijn legio – en dat zijn de toepassingen ook, al zijn sommige, zoals het maken van fluitjes, in onbruik geraakt.

Ofschoon wij in Nederland behalve bramen nauwelijks wilde vruchten plukken, zijn vlierbessen algemeen bekend om hun voedingswaarde en is er een heropleving van de commerciële productie van onder andere jam en wijn, met name in het waddengebied. Na decennialang als een plaag beschouwd en op grote schaal uitgeroeid te zijn, maakt de vlier opeens een comeback en worden er nieuwe, veredelde kruisingen met namen als Black Beauty aangeboden in kwekerijen.

Een van de leukste initiatieven van de laatste jaren is het Museumbos in Almere, waarin de winnaars van een prijsvraag elk een perceel mogen inrichten. Eén daarvan is Bastiaan Vlierboom, iemand die begrijpelijkerwijs gebiologeerd is door zijn naamgenoot en een Vlierbomenbloesembessenbos ontwierp. Een levend museum is op zich een curiosum, alleen al vanwege de veranderlijkheid van het tentoongestelde werk. In dit geval komt daar nog bij dat je er letterlijk de vruchten van kunt plukken: een kunstwerk waar je niet alleen geestelijk maar ook lichamelijk beter van wordt, een kunstwerk stampvol vitamine.

Vlierbes
De Griekse arts Pedanios Dioscorides, die in het leger van keizer Nero diende, verzamelde en beschreef in de eerste eeuw na Christus geneeskrachtige kruiden uit Klein-Azië, Italië, Griekenland, Gallië en Spanje. Miniatuur uit de 'Weense Dioscorides', het handschrift dat zich in een collectie in Wenen bevindt.

اقطي
ورانجي

Wijn

Wijn
De betekenis van dit schilderij is onduidelijk. Eén versie luidt dat een monnik diende te onderzoeken of een begijn onkuis was geweest en zelfs een kind had gebaard. Bij het betasten van haar borst kwam er echter geen melk, maar wijn. Dit was hét bewijs van de Heer en daarmee was de onschuld van de begijn vastgesteld.
De monnik en de begijn of *Het mirakel van Haarlem*, detail, 1591, Cornelis Cornelisz. van Haarlem (1562-1638), collectie Frans Halsmuseum Haarlem

Wijn uit Nederland? Jazeker, en er is niet maar één wijnboer hier te lande. Maar liefst meer dan tachtig wijngaarden zijn er te vinden via het Wijninformatiecentrum. Van Maastricht tot Lelystad en van Wageningen tot Made. Zelfs de Romeinen verbouwden al wijn in het zuiden van het land, dus van een nieuwigheid kun je amper spreken.

Critici laten zich graag laatdunkend uit over de in Nederland verbouwde wijn, het klimaat zou immers niet goed genoeg zijn en de grondsoorten die ons land kent zijn niet geschikt voor de druif. Allemaal niks van waar, zeggen de wijnboeren: 'De bodem in Zuid-Limburg bevat voor de wijn veel goeds: onder de warme, humusrijke löss bevinden zich diverse lagen mergel (kalk) en silex (kiezel). De zeeklei waar de wijndruif in Middenbeemster op moet groeien, heeft precies de juiste kalk en zuurgraad. Ook de biologische wijndruif die net buiten de bebouwde kom van Lelystad wordt verbouwd, gedijt daar wonderwel goed.'

Tot voor kort was wijnbouw in ons land beperkt mogelijk mits men diverse chemische bestrijdingsmiddelen op de koop toe nam. Sinds midden jaren negentig zijn er verschillende nieuwe hybride druivenrassen verschenen (Regent, Rondo, Bianca, Merzling, Johanniter, etc.). Deze rassen zijn in hoge mate resistent tegen meeldauw en hebben tevens een grote 'koude-tolerantie'. Zelfs in ons gematigde klimaat worden ze goed rijp en kunnen ze goede wijnen leveren.

Nicolaas Klei, de alom gewaardeerde wijnproever van ons land, is duidelijk in zijn oordeel: 'De witte wijnen van de grotere wijngaarden heb ik geproefd en die zijn zonder meer in orde, voor een Nederlandse wijn helemaal niet gek. Er is één rode wijn die mij sterk is bijgebleven en dat is de Rondo van De Druivengaerde in Zeeland.'

Door de geringe omvang van de wijngaarden - De Apostelhoeve bij Maastricht is met zijn 6 hectare de grootste - is alle wijn binnen een jaar op. Geschikt om in de kelder te bewaren voor later zijn ze niet. Dus het is bij de nieuwe wijn meteen kopen en opdrinken. Wil je zekerheid, dan is er de mogelijkheid om een wijngaard te leasen. Voor 254 euro per jaar krijg je bij de Beemsterwijngaard 32 wijnstokken die goed zouden zijn voor zo'n 18 liter wijn.

Witlof

Over de aerd, kracht ende werkinghe van de cichoreye – te weten wel verkoelende maer meer verdrooghende ende 't samen oock afvanghende ende openende oft ontsluytende en dat door de bitterheyt die daer by gevoeght is.

Rembertus Dodoens, 1554

Wat is de overeenkomst tussen de wet van Archimedes en... witloof? Beide werden per toeval uitgevonden.

Witloof zijn de scheuten van de wortels van een soort cichorei (*Cichorium endivia*), die ooit op grote schaal gebruikt werden om een koffiesurrogaat van te maken. Men bleekte het smalle, getande bladloof ook wel om het te ontbitteren en als wintersla te eten. In de tweede helft van de negentiende eeuw kwam de 'teeltoverste' van de Rijksplantentuin van Brussel, Monsieur Bresiers, tot de ontdekking dat er aan een partij wortels, langer en dieper dan gewoonlijk en onder een laag aarde opgeslagen in een kelder, dikke stronkjes gegroeid waren in plaats van de 'kapucijnerbaard', de gewoonlijke wirwar van lange bleke slierten. Sindsdien wordt Brussels lof op steeds grotere schaal gekweekt als standaard wintergroente, waarvan inmiddels 'dankzij' de hydrocultuur het hele jaar door steeds minder bittere en dus minder smaakvolle soorten op de markt verschijnen, sommige afgezet met een koket rood kanten randje. In het land van herkomst viert de witloofcultuur hoogtij met Miss Witloofverkiezingen en een Nationale Witloofwedstrijd.

Het is moeilijk te geloven dat iets wat er zo pips uitziet ook maar enige voedingswaarde bevat, maar lof is heel rijk aan vezels, vitaminen en mineralen. Hoewel het een uitdaging blijft om van deze groente een oogstrelend gerecht te maken, werd het door de moderne kok van het grijze snot van voor de culinaire revolutie omgetoverd tot lofflan, lofsorbet, lofconfituur en lofjenever en bevorderd tot veelzijdige hoogvlieger. Geloofd zij het lof.

Witlof
Stilleven met witlof van een onbekende Belgische amateurschilder, niet gedateerd. 'Amateur' betekent in het Vlaams ook 'liefhebber van'.

Wortel

Wortel
Foto uit *Beknopte geïllustreerde handleiding tot het kweeken van groenten en bloemen*, Zaadhandel en Zaadteelt v/h A. Hobbel, jaren '30

Een groot deel van het jaar kan ik putten uit een biologische moestuin. Ik ben (dus) een zeer bevoorrecht mens. Elke rechtgeaarde moestuinier zal het met me eens zijn: de pret begint al maanden eerder, met het doorspitten van spannende zaadcatalogi. Ook als ik op reis ben, móet ik op zoek naar winkeltjes met groentezaden. Mijn man heeft zich geduldig, of lijdzaam misschien, neergelegd bij de gekte en rijdt mee in de taxi naar exotische plekken waar onder de toonbanken allerlei spannende zakjes blijken te liggen. Steevast kunnen ze zich in den vreemde nauwelijks voorstellen wat ik daar doe als ik toch uit Holland kom. Want veel van die zakjes zaad komen oorspronkelijk uit Nederland. Meestal boontjes en sla, en altijd wortels! Amsterdamse Bak, maar ook Mokum (kan het Hollandser?) zijn van die wortelsoorten die wereldwijd tuin en later bord sieren.

Mijn moestuin moet het hebben van tijd en regelmaat en waar het bij mij aan ontbreekt, heeft mijn moestuinvriend Broer voor ons beiden genoeg van. Met mijn tuin én Broer heb ik driedubbel geluk. Speciaal voor mij kweekt hij allerlei voor hem onbekende en buitenissige groenten. Oude rassen die weer gekweekt worden en die niet alleen lekker, maar vooral ook mooi zijn. Zomers stalt hij de oogst liefdevol uit in kleine zakjes waarvan hij de rand oprolt. Peultjes, sla, bosjes verse kruiden keurig bijeengebonden met een touwtje en de mooiste rode bessen die een mens ooit heeft gezien. Het is helemaal feest als er op het aanrecht ook een bos wortels ligt. Mijn kinderen zijn fijnproevers geworden en de wortels van Broer zijn de enige wortels die ze nog willen eten. Ze zijn zoals wortels horen te zijn: knapperig en heerlijk zoet. Dit jaar zullen we voor het eerst ook andere kleuren wortels zaaien. Ooit geweten dat er ook rode, witte, gele en zelfs 'zwarte' wortels bestaan? We eten ze rauw, zó uit de grond, aan de rand van de sloot die vol kwakende kikkers zit en naast de moestuin loopt. Thuis eet ik ze het liefst beetgaar gekookt, even door wat gesmolten, echte boter gehaald, met wat geraspte verse gember en een klein beetje gehakte munt.

Bij elke hap maken we met z'n allen een diepe kniebuiging voor Broer.

Yoghurt

Uitgemolken en verzuurd

Yoghurt
Pagina uit een stalenboekje voor Rath en Doodeheefver behang, jaren '60

Honderd jaar geleden, in 1904, maakte Nederland kennis met yoghurt en dat werd vijftig jaar later gevierd met een heus Gouden Yoghurtjubileum. Misschien was het feit dat we in het wederopbouwjaar 1954 met z'n allen 50 miljoen liter yoghurt weg lepelden wel een belangrijker mijlpaal dan die enigszins arbitraire jubileumdatum, maar goed: yoghurt *was here to stay*. De dik-vloeibare, lichtzure substantie – kant-en-klaar uit de fles – ging destijds de competitie aan met traditionele warme toeten als gortebrij en dikke karnemelkpap. Ook yoghurt aten we als apotheose van de maaltijd, met stroop, suiker of vruchtenmoes. De verantwoorde yoghurt-met-muesli-voor-je-ontbijt raakte pas zo'n zestig jaar later ingeburgerd, net als de lichtzinnige vlaflip.

Of je nu een dri (vrouwtjesyak), een kameel, paard, geit, schaap of koe houdt, van al heur melk maak je yoghurt. Aziatische nomaden ontdekten als eersten de handige houdbaarheid van hun verzuurde melk en wij deden dat kunstje na. Feitelijk ontstaat yoghurt door te niksen, want in de vrije lucht circuleren talloze bacteriën die bij een aangename temperatuur een zuurwordingsproces in melk op gang brengen. In het ene land wat meer dan elders, maar toch. En net als zuurdesem is yoghurt een perpetuum mobile: je hebt maar een fractie 'oude' yoghurt nodig om liters nieuwe te maken, simpelweg door dit aan melk toe te voegen.

Yoghurt bevat bacteriën die uiterst nuttig zijn voor onze darmflora; ze houden ook het afweersysteem van de dikke darm op peil. Je kunt het zelf maken (yoghurt-uit-het-keukenkastje was erg 'seventies') of kopen bij de boer, maar de meeste yoghurt is industrieel vervaardigd. Volle of halfvolle melk wordt verhit tot 85 graden en afgekoeld tot 45 graden, waarna een 'enting' volgt met in laboratoria ontwikkelde *Lactobacillus bulgaricus* en *Streptococcus thermophilus*. Geleidelijk aan laten deze bacteriën de melksuikers verzuren en de vloeistof stremmen. Na acht uur wordt het proces onderbroken door de yoghurt te koelen tot 4 graden. Prettig voor lieden met een koemelkallergie: rinse yoghurt (van koe maar vaker nog van geit) is voor hen dikwijls wél geschikt. En anders is er altijd nog nepyoghurt, 'gemolken' van de sojaboon.

BASILICUM
MARJOLEIN
DIL

Zeeaster

Een paar weken per jaar heeft Albert Heijn de allerlekkerste groente van de hele wereld in huis: lamsoren. Lamsoren hebben net zoveel met lammeren te maken als bosuien met het bos. Bovendien moeten we nu onmiddellijk een misverstand uit de weg ruimen, dat wat bij AH in de schappen ligt is geen lamsoor, maar zeeaster. De lamsoor is te giftig om te eten. Zijn ogenschijnlijke tweelingbroer, de zeeaster, is wat wij wel eten. Lamsoor is echter zo ingeburgerd dat wij allen niet meer beter weten.

De bladeren van lamsoor zijn glanzend groen en niet eetbaar, terwijl de zacht behaarde bladeren van zeeaster een ware delicatesse zijn: mals, fris en ziltig. De bloemen van de zeeaster hebben net als margrieten gele hoofdjes, maar de bloemblaadjes daaromheen zijn lichtpaars en niet wit en soms ontbreken ze zelfs helemaal. De bloemen van lamsoor zijn alleen maar paars, dieppaars.

De zeeaster groeit in Zeeland, Friesland en Groningen, in zeekwelders en polders die dagelijks door zeewater overspoeld worden. Dat geeft de groente die heerlijke, ziltige smaak en maakt het tot zowat de beste partner van visgerechten of lamsvlees. Gelukkig hoeft de zeeaster niet bespoten te worden, dus is wassen eigenlijk niet nodig. Even de grasprietjes ertussenuit vissen, de zeeaster een minuut of twee in niet al te hete boter laten zweten en zo opdienen. Niet rauw eten, noch stoven, dat is allebei absoluut niet lekker. Wel eten bij gebraden lamsbout met een mosterd-honingsaus en basmatirijst. Daarmee heeft oerkok Dick Soek van Schathoes Verhildersum in Leens bij het Lauwersmeer zijn Michelinster binnengesleept. 'Wel apart serveren', maant hij in zijn prachtige boek *Koken op het Hoge land*.

Zeeaster
Foto Het Zeeuwse Landschap

Zeewier

Zeewier
Diverse soorten wier, getekend door Jac.J. Koeman, afgebeeld in het Verkade-album *Zeewater-aquarium en terrarium*, 1930

Zeewier zou het product zijn van de toekomst, omdat het zo vreselijk gezond is, rijk als het is aan voedingsstoffen, vitaminen en mineralen. Dat werd jaren geleden al geroepen. De Wereld Voedsel Organisatie en Unesco vestigen bovendien regelmatig de aandacht op de betekenis van algen voor de voedselvoorziening. Het eten van zeewier schijnt dus in alle opzichten zeer verantwoord te zijn, maar ik zie het er nog niet van komen. Als je al wier wilt eten, moet je erg je best doen want bij de gemiddelde vis- of groenteboer zul je het zelden tegenkomen. Voorlopig heb je nog de meeste kans van slagen bij de macrobiotische afdeling van de natuurvoedingswinkel of bij de toko.

Wieren vestigen zich het liefst aan rotskusten, maar bij gebrek aan beter doet een aantal het ook goed op de Nederlandse zeedijken, dammen en strandhoofden. Zo hebben we enkele grootbladige en dunne roodwieren waarvan nori wordt gemaakt. Van de familie van de bruinwieren, waar kombu van wordt gemaakt, komt ook een aantal soorten in Nederland voor, waarvan er één bekend is onder de naam suikerwier. Enige jaren geleden werd in de Oosterschelde een zeewier ontdekt dat niet eerder in Nederland was waargenomen. Het bleek wakame, een van de zachtste bruine wieren.

Van groot belang is het gebruik van zeewier als smaakmaker. Altijd al wisten oosterse koks dat bepaalde gerechten beter smaken als er zeewier aan toegevoegd is. Zeewier bevat veel glutamaat, waarvan de smaak niet in de bestaande categorieën zout, zoet, zuur en bitter is in te delen. Deze smaak wordt 'umami' genoemd, een vijfde primaire smaak. Om de consumptie van zeewier in de westerse keuken te bevorderen worden ze tegenwoordig zeegroente genoemd en komen ze onder verschillende welklinkende namen op de markt. Zo heb je 'zeespaghetti', lange groenige wieren, 'zeeboontjes', dezelfde wieren in stukjes geknipt, 'zeesla' en 'rode zeekool'. Allemaal één pot nat en te gebruiken als groente en salade. Maar voorlopig wordt zeewier in Nederland nog het meest gebruikt als beschermingsmateriaal in mandjes met oesters, als bemesting in de land- en tuinbouw of als veevoer; zeewierstamppot, ho maar!

7 SPONSWIER

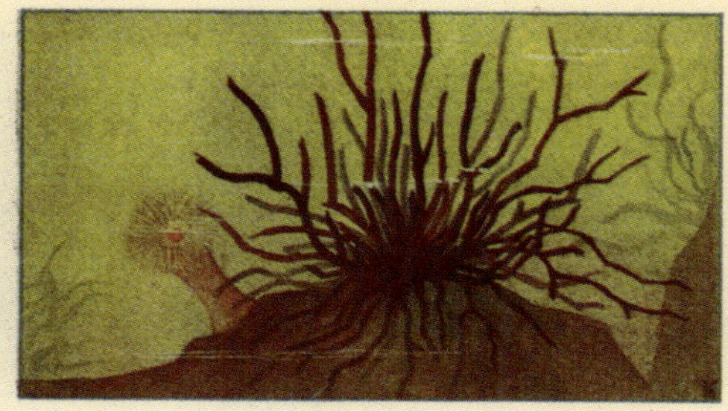

8 KANEELWIER

9 PLAT DARMWIER OF LINTDARMWIER

10 ZEEDENNETJE (HYDROÏDPOLIEPENKOLONIE)

11 ZEEKRUL (HYDROÏDPOLIEPENKOLONIE)

12 HOORNWIER OF BANKBLAREN
(MOSDIERTJESKOLONIE)

Zeeuws spek

Het is voor de slager van zeer groot belang om bij de inkoop van levende varkens te kunnen beoordelen of een vlees- dan wel een spekvarken te koop wordt aangeboden. Spekvarkens zijn bijna altijd minder in prijs dan vleesvarkens.
Uit: *Het handboek voor de slager* (1955)

Spek is in ons land altijd al een geliefd, goedkoop en veel verkocht product geweest. Onmisbaar in de stamppotten en de erwtensoep, en vroeger vooral onder de armere bevolking meestal het enige vlees dat af en toe op tafel kwam. Toen waren er ook de zogenaamde spekslagers die als credo 'liever vet als mest' hadden. Tegenwoordig, met alle richtlijnen die ons in het kader van de volksgezondheid worden voorgehouden gaat dit niet meer op. Hoewel, te veel mest is natuurlijk ook niet alles met al dat overschot.

Zoals wel met meer producten gebeurt, is ook het spek ten prooi gevallen aan regionale invloeden. Zeeuws spek neemt daarin een voorname plaats in. Het hoofdbestanddeel van Zeeuws spek is varkensbuik, waaraan pekelzout, witte peper, kerrie, paprika en ketjap manis wordt toegevoegd. De buik wordt van beenderen, zwoerd en losse vleesdelen ontdaan en in model gesneden. Het vlees wordt licht met pekel ingespoten en één dag in de pekel gelegd. De buik wordt aan beide zijden ingesmeerd met een mengsel van in ketjap opgeloste peper, kerrie en paprika, en vervolgens gevacumeerd. Dit gaat een aantal dagen de koeling in zodat de smaken er goed in kunnen trekken. De buik wordt in de vacuümzak gekookt, in stukken tot 500 gram gesneden en vervolgens gebraden.

Wie ooit op het idee is gekomen mag Joost weten, wel is het zo dat juist de ketjap Zeeuws spek tot een lekkernij maakt die het erg goed doet op een snee roggebrood bij een bord dampende erwtensoep. Veel slagerijen maken tegenwoordig een marinade met een paprikamengsel dat het Zeeuws spek de rode kleur geeft. De zoute smaak daarvan haalt het bij lange na niet bij de authentieke marinade.

Zeeuws spek
Pagina met aantekeningen uit het boekje *Huisslacht*, uitgave van het Drentsch Landbouw-genootschap, 6e dr., 1947

wang spek, geschikt om in worst te verwerken. smelt niet weg.

Gehele carbonade stuk wordt van het spek gelicht -

hier zitten beste carb.

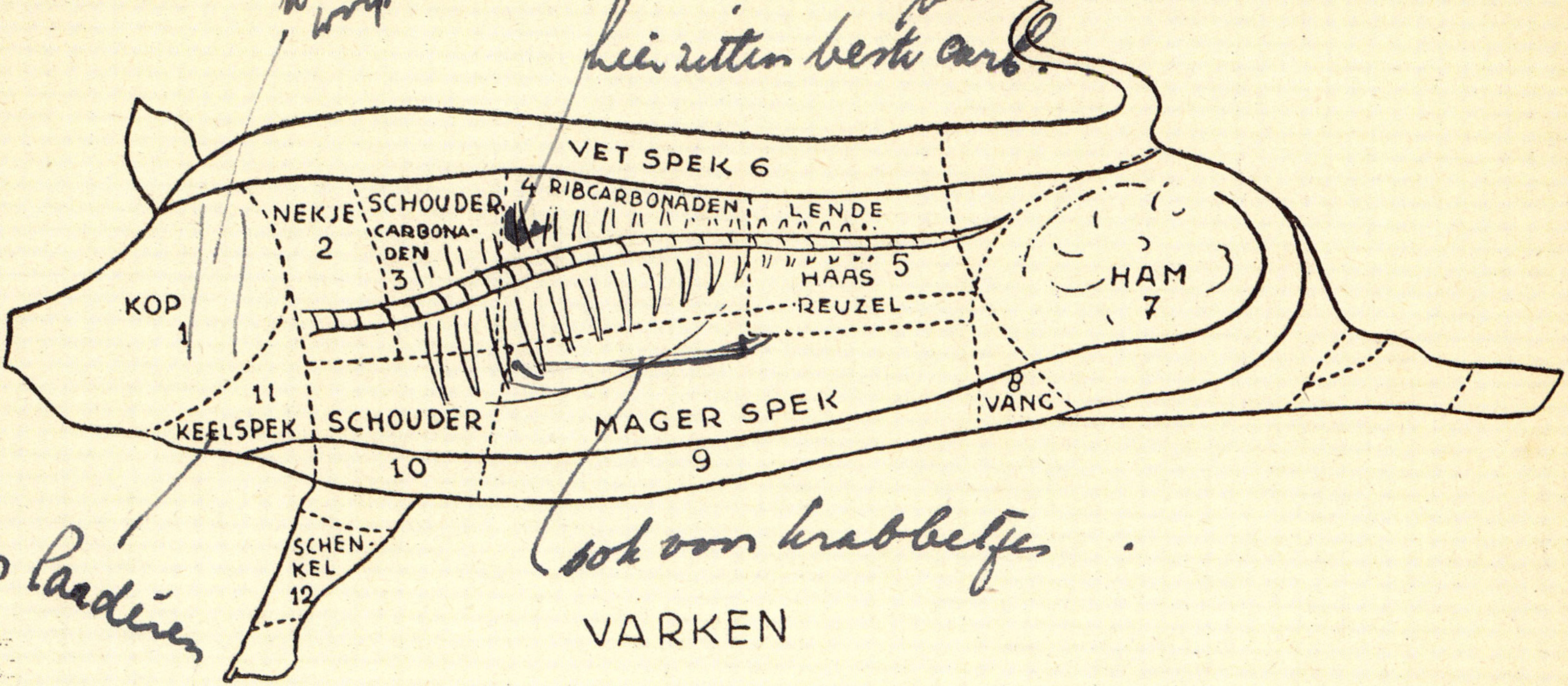

voor Paardeien

ook voor krabbetjes.

VARKEN

Gerookt spek kan in licht niet lang bewaard worden (ranzig) wel als 't in de pekel is -

Zout

Het zout dat het meeste tot de verbeelding spreekt is wel Fleur de Sel, de absolute top onder het zeezout. Het duurt een tijdje voordat zeewater verdampt en het zout uitkristalliseert. Maar als moeder natuur een handje meehelpt (een windstille, warme nacht), dan vormt zich op het water een flinterdun vliesje of laagje. Dit is het befaamde Fleur de Sel. Het vliesje wordt uiterst voorzichtig van het water geschept en verzameld. Een tijdrovend en intensief handwerk, vandaar dat Fleur de Sel zo kostbaar is. Maar de fijne structuur, het bijzondere parfum en de frisheid op de tong zijn absoluut ongeëvenaard...

Zout
In de jaren '70 was grof zeezout een nieuwigheid en werd door Metz & Co in Amsterdam in spanen doosjes verkocht.
Foto Philip Mechanicus, 1971

In de Romeinse tijd was 'sal' (Latijn voor zout) nog kostbaarder dan goud en zilver bij elkaar en men werd bij goed functioneren dan ook beloond in natura, met zout, ofwel met een salarium (ons huidige salaris). Maar wat is dat zout eigenlijk? In feite is de smaakmaker niet meer dan natriumchloride. En het is niet alleen een smaakmaker, ook een inmaker, een conserveermiddel om bederfelijke waren langer goed te houden; het inpekelen heeft de VOC gered op de reizen naar de Verre Oost.

Toch kunnen scheikundigen niet tippen aan het natuurlijke product, waarbij een onderscheid wordt gemaakt tussen de verschillende zoutbronnen: steenzout, mijnzout en zeezout. Steenzout wordt verkregen uit ondergrondse winning in de bergen, mijnzout uit ondergrondse zoutlagen die zijn ontstaan uit drooggevallen binnenzeeën en zeezout wordt gewonnen via verdamping van het zeewater.

In Nederland wordt al eeuwenlang veel zout gewonnen, vooral uit de Twentse bodem. De oprichting van de Koninklijke Nederlandse Zoutindustrie, in 1918, maakte het mogelijk om het Twentse zout te exploiteren. Deze exploitatie vond in eerste instantie plaats in Boekelo, later werd in Hengelo een nieuwe fabriek gevestigd. De KNZ maakte een sterke groei door, zowel voor als na de Tweede Wereldoorlog. Het werd een belangrijke bedrijfstak in Twente. Het zoutbedrijf van Akzo Nobel in Hengelo zorgt tegenwoordig voor de productie en verwerking van circa 2 miljoen ton zout per jaar. Het moederbedrijf Akzo Nobel Chemicals is met een totale productie van 15 miljoen ton per jaar zelfs de grootste producent van bulkzout ter wereld. Behalve in Nederland wordt dit zout gewonnen in Duitsland, Denemarken, Noord-Amerika en het Caraïbisch gebied.

Verreweg de meeste smaaksensatie geeft zeezout, doordat het rijker is aan mineralen en sporenelementen.

Culinair is zout populair. De ambachtelijke, klassieke manier van zoutwinning levert een aantal bijzondere soorten op waarin de *terroir* (bodem en/of streek die zijn lokale smaakstoffen heeft afgegeven aan het water) tot soms behoorlijke smaakverschillen leidt. De smaak van zout wordt echter het beste ervaren als-ie ontbreekt, want een patatje, een haring of dat halfzachte scharreleitje zonder zout zijn eigenlijk geen optie.

Zure zult

Ik kwam het verhaal *Nooit meer zure zult* van Petronella Brink-Engelen (geboren in Dinteloord in 1934 en overleden in 1993) op internet tegen, waaruit het onderstaande fragment is geciteerd. Deze jeugdherinnering moet voor het nageslacht bewaard blijven, al ben ik nog steeds dol op goede zult.

... Haar moeder zette een grote pan op tafel waarin de kop van het varken zo gaar was gekookt dat de botjes eruit vielen. Haar vader haalde alle beentjes uit de pan en tot Mia's grote schrik waren daar ook een paar tanden en kiezen bij.

... 'Wat is dat, pa?' ze wees naar de glazige dingen die in de pan lagen. Haar vader pakte een lepel en schepte de ronde bolletjes uit de pan, legde ze in zijn hand en liet ze heen en weer rollen. 'Kijk!' zei hij. 'Dat zijn de ogen van het varken.'

... Even later haalde haar vader een oor uit de grijze brij naar boven en hij trok er met geoefende vingers de haren uit. Intussen zat Mia zich voortdurend af te vragen wat haar vader nu toch aan het maken was...

'O...!' zei haar vader. 'Dat wordt zure zult. Eerst ga ik straks alles door de gehaktmolen draaien en dan doe ik er wat kruiden en azijn bij. Daarna roer ik alles goed door elkaar en dan wordt het in de schaaltjes gedaan.' Toen Mia dat hoorde, viel ze bijna van schrik van haar stoel af, want opeens dacht ze: 'Een varken poetst zijn tanden nooit. Zit vaak met zijn neus in de modder. Als hij verkouden is kan hij z'n neus niet snuiten en zijn oren worden ook nooit gewassen.' Zo griezelde ze nog even verder. Ze rilde bij de gedachte dat ze ooit zure zult zo lekker had gevonden...

Zure zult
kaft van het boekje *Huisslacht* uit 1947, samengesteld door leraressen aan de landbouw-huishoudscholen van Emmen en Heerenveen, 6e dr., 1947

HUISSLACHT

Door J. KOOPS en A. J. POTTINGA

Zuring

Grasland rossig van opgeschoten zuring
Arthur van Schendel

Kruid of onkruid, dat is de grote vraag bij veel eetbare planten. Hoe haal je het 'on' uit onkruid? De Fransen noemen het la mauvaise herbe, het slechte kruid, wat een stuk erger is, omdat wat slecht is nooit goed kan zijn, terwijl onkruid wijd en zijd gegeten en soms zelfs gekweekt wordt. Voor de meeste mensen betekent onkruid iets dat woekert en dat zij niet in toom kunnen houden. Maar wat is nou een betere, gezondere of goedkopere manier om onkruid te bestrijden dan het op te eten?

Zuring (*Rumex acetosa*), ook wel veldzuring of schapezuring genoemd ter onderscheiding van de alomtegenwoordige, veel grotere en ook door haast alle dieren als oneetbaar beschouwde ridderzuring, houdt het midden tussen een groente en een kruid. Van oudsher at men de eerste zuringscheuten in het vroege voorjaar, als opwekkend middel dat het bloed zuivert na de relatief ongezonde wintermaanden, lees ik in een vooroorlogse uitgave van de Stichting voor de Huishoudelijke Voorlichting ten Plattelande en de Commissie inzake Huishoudelijke Voorlichting en Gezinsleiding (prijs 35 cent).

Rauw – met mate gegeten, vanwege het hoge oxaalzuur-gehalte – zijn een paar pijlvormige blaadjes genoeg om een slome sla tot leven te wekken en citroen of azijn in de saus overbodig te maken.

Gekookt is zuring het beste gezelschap voor vis: onderge-schikt en toch persoonlijk, zoals de ideale pianobegeleiding van een liederenzanger.

Zuring
Tekening van Piet Zwart uit de folder *Onze wilde groenten en vruchten* van het Voorlichtings-bureau van den Voedingsraad, zonder jaar

Zwarte bes

De zwarte bes (*Ribes nigrum*) komt van nature in Europa voor. Zwarte-bessenstruiken zijn winterhard en vormen jaarlijks veel nieuwe scheuten. De zwarte bes is zeer geschikt voor het Hollandse klimaat en doet het goed in elke tuin. Als je de plant met snoeien terugbrengt tot een hoogte van 1,5 meter kan hij ook prima op het balkon. De zwarte bes vraagt weinig verzorging en is daardoor zelfs voor diegenen onder ons zonder groene vingers een makkelijke plant waar je zelf de zoete vruchten van kunt plukken.

Voor de consumptie wordt de zwarte bes gebruikt in limonadesiropen, als kleurstof, om jam van te maken en natuurlijk voor de bessenjenever. Nog altijd een drankje waarmee menig puber in ons land zijn eerste schrede zet naar het degelijke alcoholische werk.

Puur wordt de zwarte bes niet zo snel gegeten. Dat heeft alles te maken met de adstringerende werking die de bes heeft: als je erop bijt heeft dat een droge mond tot gevolg. Wie dat niet erg vindt, kan echter zeer genieten van de sappige bes met zijn zurige, diepe smaak. Vooral zo van de plant af geplukt, is de zwarte bes erg lekker.

Zwarte bessen bevatten vitamine C, zijn rijk aan citroenzuur, kalium en calcium. Het allerlekkerste dat de zwarte bes voortbrengt, is misschien wel cassisijs. Daarin geeft de eigenheid van de zwarte bes fris sorbetijs de perfecte balans. Alleen al daarom zou iedereen zijn eigen zwarte-bessenkwekerij in de tuin moeten beginnen. Het verzekert je de hele zomer van een voorraad in de vriezer, die ook nog eens in de winter goed van pas kan komen.

Zwarte bes
Zwarte bes, foto Peter Bauwens, 1999

Auteurs

Hilary Akers
Als kok en vinoloog heeft zij jarenlang het vak in de praktijk uitgeoefend. Momenteel rondt zij de universitaire opleiding geschiedenis af en specialiseert zij zich in de historische kanten van de gastronomie.
pagina 206, 218

Bjorn Bruinsma
Slijt af en toe zijn dagen in de Kookboekhandel omdat hij eten als bezigheid nummer 1 beschouwt. Wil er nu ook professioneel mee aan de slag en denkt erover om een kruiden- en specerijenbedrijf op te zetten.
pagina 270

Mac van Dinther
Als culinair recensent van *de Volkskrant* eet hij zich rond door het land. Voor slow food heeft hij altijd wat extra tijd over. Scherp van tong en geest, wat hem geliefd maakt bij vriend en vijand.
pagina 28, 34, 172

Jonah Freud
Eigenaresse van de Kookboekhandel in Amsterdam. Ontmoet door haar winkel alles en iedereen die zich in Nederland met eten bezighoudt. Heeft verschillende publicaties op haar naam staan waaronder het boek *Kijk & kook*, speciaal bedoeld voor mensen met een verstandelijke handicap. Zie voor informatie www.kookboekhandel.com.
pagina 22, 24, 38, 52, 68, 94, 108, 114, 124, 140, 148, 150, 156, 166, 198, 210, 226, 232, 238, 248, 276, 290, 302, 310

Joep Habets
Is werkzaam in de wereld van de architectuur en kwam er bij toeval achter dat hij zijn liefde voor eten goed op papier kan zetten. Werkt nu al jarenlang als culinair journalist voor *NRC Handelsblad*.
pagina 110, 230, 252, 280, 284

Hay Hermans
Is eigenaar van een grafisch ontwerpbureau in Delft en van kookboekenuitgeverij YAM! Zijn eerste publicatie *Modern koken in Nederland: de Veluwe* verscheen in 2004. Heeft een grote voorliefde voor slow food.
pagina 12

Alma Huisken
'Sommige mensen veranderen je leven. Sommig eten ook.'
Aldus Alma Huisken. Haar kennis van groenten is in ons land ongeëvenaard. Won in 2002 de Wina Born-prijs voor de culinaire journalistiek. Via haar website www.almahuisken.nl word je op de hoogte gehouden van haar vele (culinaire) bezigheden.
pagina 12, 14, 26, 40, 56, 144, 146, 158, 168, 204, 234, 246, 254, 256, 296

Joyce Huisman
Woont in Friesland, is familie van de beroemde kunstschilder en oud-ijzer- en lompenkoopman Jopie Huisman. Verwoed hengelaar, heeft verschillende kookboeken en culinaire publicaties op haar naam staan.
pagina 84, 118, 170, 216, 220, 294

Roel James
Door haar liefde voor Alain Caron in de wereld van de gastronomie terechtgekomen. Zij is degene die alles opschrijft wat hij bedenkt. Behalve de zorg voor hun twee kinderen, deelt ze ook de culinaire liefde.
pagina 102, 120, 130, 194, 300

Will Jansen
Culi-gek in hart en nieren, altijd in voor een goed gesprek waarin de gastronomie de hoofdrol speelt. Was hij vooral bekend van *Horeca Journal* en als auteur van het boek van Beluga, de bekroning tot nu toe is wel het tijdschrift *Bouillon* waarvan hij initiatiefnemer, uitgever én hoofdredacteur is. Voor meer informatie: www.bouillonmagazine.nl.
pagina 16, 80, 298

Wim de Jong
Is in de eerste plaats tv-recensent van *de Volkskrant*, maar steekt zijn culinaire aspiraties niet onder stoelen of banken. Schrijft ook voor *Horeca Journal* en andere media over eten en drinken.
pagina 30, 36, 98, 154, 244, 250

Klaas Kasma
Is chef-kok en eigenaar van een van de kleinste en beste restaurants in Leeuwarden. Geboren in Tzummarum, een dorpje aan het Wad, en getogen op Terschelling. Is doorspekt van de Friese cultuur, schrijft over culinaire zaken in de *Leeuwarder Courant* en heeft misschien wel de, voor een restaurant, leukste website: www.pietpaaltjens.nl.
pagina 74, 88, 188, 278

Onno Kleyn
Ook al een winnaar van de Wina Born-prijs. Is Francofiel, Italianoloog, wijnkenner, gastronoom en fulltime hiermee bezig. Schreef verschillende bestsellers over eten en is een absolute lekkerbek. Lees alles over hem op www.onnokleyn.nl.
pagina 66, 86, 90, 92, 100, 112, 196, 258, 274

Carin Leenders-de Vries
Wat bijna niemand weet, is dat zij degene is achter de serie Blue Band kookboekjes, die jarenlang in veel huishoudens favoriet waren. Na haar leven bij Unilever werkt ze tegenwoordig als zelfstandige op allerlei culinair gebied. Van medewerking aan televisieprogramma's tot consultancy. Zie: www.passionforfood.nl.
pagina 18, 20, 60, 134, 138, 152, 184, 212, 224, 240, 264, 266

Ria Loohuizen
Schreef onder andere de cultuurhistorische kookboeken *Zwam in de Pan*, *Vlier in de Fles*, *Van de Kastanje* en *Het Rijk van Kwee en Vijg*, die nu onder andere in het Engels worden vertaald. Het zoeken, vinden en eten van paddestoelen is haar grote liefhebberij. Weet in de grote stad ook precies de juiste vindplaatsen hiervoor op te sporen.
pagina 50, 70, 128, 142, 180, 192, 236, 242, 262, 288, 292, 308

Huib van der Lugt
Bezeten van eten is hij een van de actievere leden van Slow Food Nederland, waar hij zich bijna dagelijks voor inzet. Als liefhebberij helpt hij Maarten Caulils in zijn delicatessenwinkel in Amsterdam.
pagina 174, 208

Kim Maclean
Wilde, toen ze hoorde over dit boek, een bijdrage leveren over het belegde broodje waarmee ze voor het eerst kennismaakte toen ze hier in 1973 aankwam uit Canada. Is vooral bekend als medewerkster van misschien wel de beste receptenrubriek van ons land: het dagelijkse recept in *NRC Handelsblad*.
pagina 46

Philip Mechanicus
Auteur en fotograaf, zich ophoudend in de ongelimiteerde marge van het eet- en oneetbare. Rubriekschrijver bij *De Groene Amsterdammer*. Heeft ook heel veel kinderen de keuken in gekregen door zijn 'Vrolijke keuken' op de kinderpagina van *NRC Handelsblad*.
pagina 44, 160, 162, 222, 282

Christianne Muusers
Heeft als grote voorkeur de middeleeuwse gastronomie, een specialisme waar maar weinigen zich mee bezighouden. Publiceert onder andere historische recepten en digitale edities van middeleeuwse kookboeken op www.coquinaria.nl en heeft in eigen beheer een boekje met middeleeuwse recepten uitgegeven.
pagina 32, 268

Angélique Schmeinck
Een van de twee vrouwelijke meesterkoks die ons land telt. Is via www.schmeinckproducties.nl inzetbaar voor vele culinaire doeleinden. Zo kookt ze bijvoorbeeld graag in een luchtballon waarbij de hete lucht in de ballon als oven wordt gebruikt.
pagina 132, 136, 182, 304

Henja Schneider
Heeft een enkel kookboek zelf geschreven maar er vooral honderden vertaald. Een van de weinige in ons land die dat metier tot in de puntjes beheerst. Heeft hiervoor in 2003 de Wina Born-prijs ontvangen. Buiten al haar werkzaamheden heeft ze het erg druk als grootmoeder van een tweeling.
pagina 42, 48, 214, 260, 306

Celine The
Werkt al ruim acht jaar in de Kookboekhandel in Amsterdam. Schrijft daarnaast vooral reisartikelen voor allerlei magazines waarbij altijd de nadruk op eten ligt. Kookt graag, eet graag en leest vooral ook graag kookboeken.
pagina 64, 72, 82, 104, 106, 178

Merijn Tol
Is als freelance medewerker verbonden aan *TIP Culinair*, *Allerhande* en *Mo'Media*. Actief lid van Slow Food Nederland. Samen met een vriendin runt ze 'Oranjebloesem', een catering-bedrijfje gespecialiseerd in de nieuwe Marokkaanse keuken.
pagina 54, 76, 78, 96, 122, 164, 228, 272

Karin Vaneker
Schrijft en praat het liefst veel over eten. Het schrijven doet zij onder andere voor *HP/De Tijd*, het *Nieuw Israëlisch Weekblad* en *Intermediair*. Haar specialisatie ligt bij de joodse keuken. Ze deinst er niet voor terug om matsebonbons te bedenken.
pagina 176, 190, 202

Janneke Vreugdenhil
Noemt zichzelf schrijvende kok en kokende schrijver. Grote voorliefde voor de pure, verse keuken en ambachtelijke producten. Als voedingsdeskundige heeft ze zich de laatste jaren gespecialiseerd in lekker eten en gezondheid. Informatie terug te vinden op www.etenenzo.nl.
pagina 58, 62, 116, 126, 186, 200, 286

Met dank aan

Dirk Jan van de Voort
Gouden Gids - Richard Flipse
De heer Meulenhoff
Marina van den Bergen
De Nieuwe Tuin - Peter Bauwens
Ria Loohuizen
Skipintro
Mont Blanc
Unilever - Marlies van Leersum en Gemma van Lint
Voorlichtingsbureau Brood
Europees Keramisch Werkcentrum
Familie Vlooswijk
Leo Fontijne
Traiteur Sleijpen
Joyce Huisman
Philip Mechanicus
Canter - Jacqueline van der Jagt
Nederlands Visbureau - Annemieke Engels
Het Zeeuws Landschap

postbus 1080, 7230 AB Warnsveld
info@terralannoo.nl
www.terralannoo.nl
Uitgeverij Terra maakt deel uit van de Lannoo-groep, België

Samenstelling: Jonah Freud, Amsterdam
Idee: Wim Pijbes, Rotterdam
Beeldredactie: Christel Leenen, Rotterdam
Lithografie: Marc Gijzen, Rotterdam / Pixel-it, Zutphen
Vormgeving: Stang Gubbels & Anneke van der Stelt, Rotterdam
Druk: Book Print, Barcelona

ISBN 90 5897 188 0 – NUR 442